Examinai tudo. Retende o bem.
1 Tessalonicenses 5.21

REGIMENTO INTERNO DA CÂMARA DOS DEPUTADOS EM
MAPAS MENTAIS

FREDERICO RETES
MARCELO LEITE
THIAGO STRAUSS

revisão por Mapas Mentais 5

REGIMENTO INTERNO DA CÂMARA DOS DEPUTADOS EM MAPAS MENTAIS

Niterói, RJ
2013

 © 2013, Editora Impetus Ltda.

Editora Impetus Ltda.
Rua Alexandre Moura, 51 – Gragoatá – Niterói – RJ
CEP: 24210-200 – Telefax: (21) 2621-7007

Editoração Eletrônica: Dos Autores
Capa: Wilson Cotrim
Revisão Ortográfica: C&C Criações e Textos Ltda.
Impressão e Encadernação: Vozes Editora e Gráfica Ltda.

L698m

Retes, Frederico.
    Regimento interno da Câmara dos Deputados em mapas mentais / Frederico Retes, Marcelo Leite, Thiago Strauss. – Niterói, RJ: Impetus ; [S.l.] : Ponto, 2013.
152 p. ; 23 x 33 cm.

    ISBN 978-85-7626-756-0

    1. Brasil. Congresso Nacional. Câmara dos Deputados – Concursos. 2. Brasil. Congresso Nacional. Câmara dos Deputados. Regimento interno. 3. Serviço público – Brasil – Concursos. 4. Método de estudo. 5. Estratégia de aprendizado. I. Leite, Marcelo. II. Strauss, Thiago. III. Título

    CDD – 351.81076

O autor é seu professor; respeite-o: não faça cópia ilegal.
TODOS OS DIREITOS RESERVADOS – É proibida a reprodução, salvo pequenos trechos, mencionando-se a fonte. A violação dos direitos autorais (Lei nº 9.610/98) é crime (art. 184 do Código Penal). Depósito legal na Biblioteca Nacional, conforme Decreto nº 1.825, de 20/12/1907.

A Editora Impetus informa que se responsabiliza pelos defeitos gráficos da obra. Quaisquer vícios do produto concernentes aos conceitos doutrinários, às concepções ideológicas, às referências, à originalidade e à atualização da obra são de total responsabilidade do autor/atualizador.

www.impetus.com.br

Os Autores

Frederico Retes é Analista Legislativo – Processo Legislativo – do Senado Federal. Exerceu, entre 2007 e 2012, o cargo de Auditor Federal de Controle Externo do Tribunal de Contas da União (TCU). É formado em Ciências Econômicas pela Universidade de Brasília (UnB) e em Direito pelo Centro Universitário de Brasília (UniCeub). Foi também aprovado em 3º lugar para Consultor do Senado Federal – Direito Constitucional, Administrativo, Eleitoral e Processo Legislativo (2012); e em 2º lugar para analista de controle interno do Ministério Público da União (2007).

Marcelo Leite é Analista Legislativo – Técnica Legislativa – da Câmara dos Deputados. Formado em Direito pelo Centro Universitário de Brasília (UniCeub), Ciência da Computação pela Universidade de Brasília (UnB) e pós-graduado em Auditoria e Controle da Gestão Governamental e Sistemas Orientados a Objeto. Exerceu, ainda, o cargo de Auditor Federal de Controle Externo do Tribunal de Contas da União por cinco anos (2007-2012). Foi também aprovado nos concursos para Analista Legislativo – Técnica Legislativa – da Câmara dos Deputados (2012), Auditor Federal de Controle Externo do TCU (2007), Analista e Técnico de Controle Interno do Ministério Público Federal (2007) e técnico do Tribunal Regional Federal (2006).

Thiago Strauss é Auditor Federal de Controle Externo do Tribunal de Contas da União (TCU), formado em Engenharia Mecânica pela Universidade de Brasília (UnB) e Professor de Direito Administrativo em cursos preparatórios para concursos públicos em Brasília. Foi também aprovado nos concursos para Analista de Finanças e Controle da Controladoria-Geral da União (CGU) e Especialista em Financiamento e Execução de Programas e Projetos Educacionais do Fundo Nacional de Desenvolvimento da Educação.

Apresentação

Dentre as matérias cobradas em todas as áreas para os concursos da Câmara dos Deputados, destaca-se o Regimento Interno da Casa, cujo conhecimento é essencial para aprovação nesses certames. Pensando nisso, resolvemos relançar os Mapas Mentais do Regimento Interno da Câmara dos Deputados.

Como temos afirmado, a adaptação da técnica de Mapas Mentais para concursos públicos surgiu quando, durante nossa preparação para o concurso do Tribunal de Contas da União, nos deparamos com a enorme quantidade de matérias cobradas e o vasto volume de informações a serem adquiridas. Naquela época, duas indagações fundamentais ocorreram: "como aprender todo o conteúdo em um prazo razoável?" e "como internalizar toda a matéria?" Criar mapas mentais foi a forma que encontramos para superar essa tarefa quase sobre-humana.

Os Mapas Mentais são esquemas que, elaborados na forma de organograma, abordam todo o conteúdo da disciplina exigido em concursos públicos. Por facilitarem a organização mental da matéria estudada, representam um meio eficaz para a assimilação e a memorização do conhecimento.

Dentre as inúmeras vantagens que os Mapas Mentais proporcionam, destacamos a possibilidade de **organizar todo o conteúdo das disciplinas de forma estruturada,** partindo do gênero para as espécies, dos títulos para os subtítulos. Dessa forma, **você obtém a visão global da matéria, partindo da visão geral para os detalhes.**

Os mapas proporcionam, ainda, uma **comparação** entre as características das espécies de mesmo gênero, algo muito cobrado em provas de concursos, e possibilitam o encadeamento e a associação de ideias. Essa forma de esquematização permite realçar os principais conceitos da matéria e suas correlações com os demais institutos, buscando reforçar a memória associativa.

Além disso, o uso dos Mapas Mentais faz com que utilizemos os dois hemisférios do cérebro, inclusive partes que não costumamos usar com frequência nos estudos, como as que cuidam de nossa memória espacial, visual, e da criatividade. **Isso faz com que as sinapses cerebrais sejam ainda mais fortalecidas,** consolidando a memória de longo prazo e multiplicando a capacidade de absorção.

Tendo em vista o enorme volume de matérias cobradas nos editais dos mais variados concursos públicos, percebemos que, para acessar esse vasto conhecimento na hora da prova, não é eficiente estudar de forma confusa e em muitos livros. A solução para aprender todo o conteúdo e, ao mesmo tempo, não esquecê-lo vem com a **repetição,** por meio da **revisão contínua e estruturada** da matéria.

Com os mapas, **você poderá revisar toda a disciplina em um período muito mais curto do que se fosse fazê-lo por meio de um livro ou mesmo de um texto-resumo.** Tal possibilidade é essencial para as últimas semanas que antecedem a prova, pois permitirá rever todo o conteúdo do edital em apenas alguns dias.

Um grande abraço e bons estudos!

Frederico Retes, Marcelo Leite e Thiago Strauss

Sumário

Visão Geral do RICD 1

1. Disposições Preliminares **3**

Da Sede 5

Das Sessões Legislativas 5

Das Sessões Preparatórias 6

Eleição da Mesa 7

Dos Líderes 10

Dos Blocos Parlamentares 11

Da Maioria e da Minoria 12

2. Dos Órgãos da Câmara **13**

Da Mesa 15

Do Colégio de Líderes 19

Da Secretaria da Mulher 20

Da Procuradoria Parlamentar 21

Do Conselho de Ética e Decoro Parlamentar 21

Da Corregedoria Parlamentar 22

Das Comissões 23

3. Das Sessões da Câmara **49**

Disposições Gerais 51

Das Sessões Públicas 56

Das Sessões Secretas 59

Da Interpretação e da Observância do Regimento 60

Da Ata 60

4. Das Proposições **61**

Disposições Gerais 63

Dos Projetos 66

Das Indicações 67

Dos Requerimentos 68

Das Emendas 71

Dos Pareceres 75

5. Da Apreciação das Proposições **77**

Da Tramitação 79

Do Recebimento e da Numeração 80

Da Distribuição às Comissões 81

Da Apreciação Preliminar 83

Dos Turnos e do Interstício 84

Do Regime de Tramitação...85

Da Urgência 86

Da Prioridade 87

Da Preferência 88

Do Destaque 90

Da Prejudicialidade 91

Da Discussão 92

Da Votação..95

Da Redação do Vencido, da Redação Final e dos Autógrafos 102

6. Das Matérias Sujeitas a Disposições Especiais.............................105

Da Proposta de Emenda à Constituição 107

Dos Projetos do Presidente da República com Solicitação de Urgência 108

Dos Projetos de Código 109

Dos Projetos de Consolidação 110

Do Regimento Interno 110

Das Matérias de Natureza Periódica..111

Crimes de Autoridades do Executivo 112

Do Comparecimento de Ministro de Estado.......................................113

7. Dos Deputados 115

Do Exercício do Mandato 117

Da Licença 120

Da Vacância e do Decoro Parlamentar 121

Da Convocação de Suplente..122

Da Prisão em Flagrante de Crime Inafiançável...................................122

Da Licença para Instauração de Processo Criminal Contra Deputado....122

8. Participação da Sociedade Civil 123

Da Iniciativa Popular de Lei...125

Das Petições e Representações e Outras Formas de Participação 125

Da Audiência Pública 126

Do Credenciamento de Entidades e da Imprensa 126

9. Da Administração e da Economia Interna......................................127

Dos Serviços Administrativos 129

Da Administração e Fiscalização Contábil, Orçamentária, Financeira, Operacional e Patrimonial 130

Da Polícia da Câmara 131

Da Delegação de Competência 131

Do Sistema de Consultoria e Assessoramento 132

10. Disposições Finais...133

Bibliografia...137

RICD - VISÃO GERAL

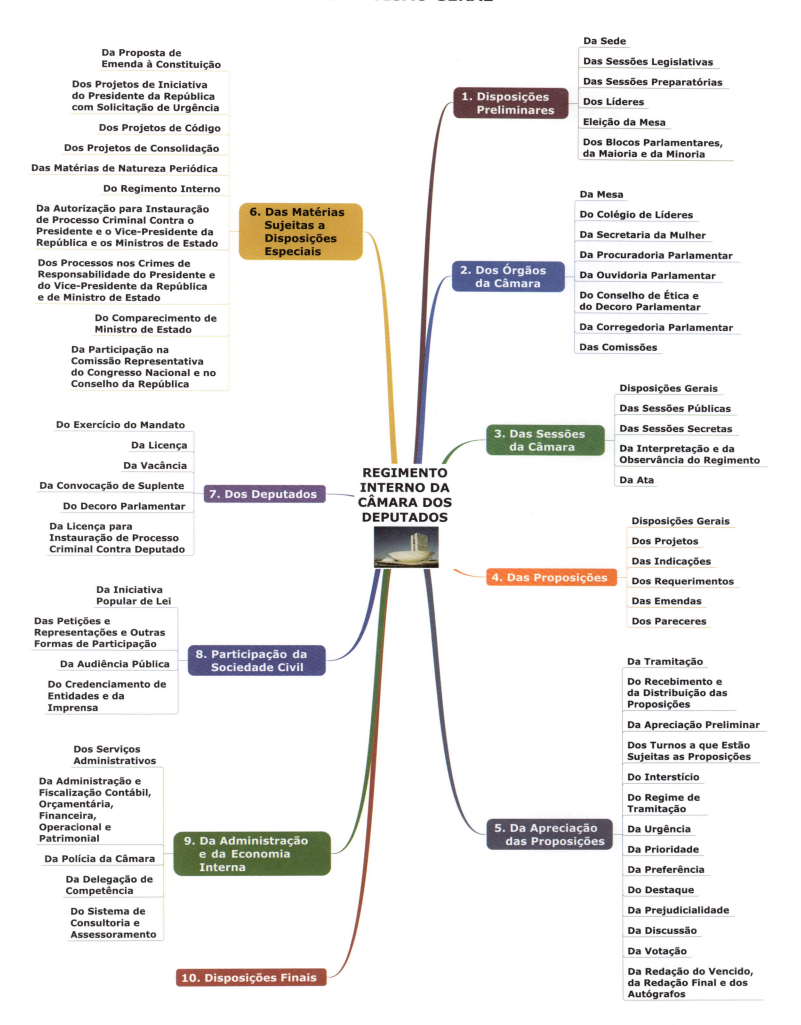

Capítulo 1

Disposições Preliminares

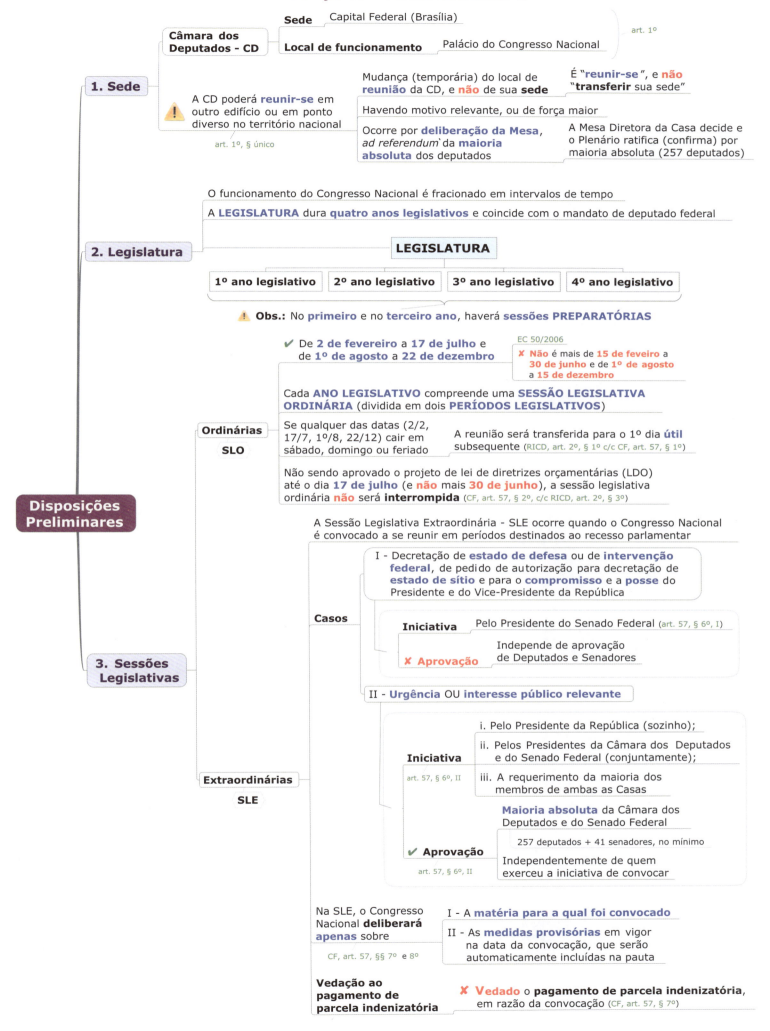

DISPOSIÇÕES PRELIMINARES II - DAS SESSÕES PREPARATÓRIAS

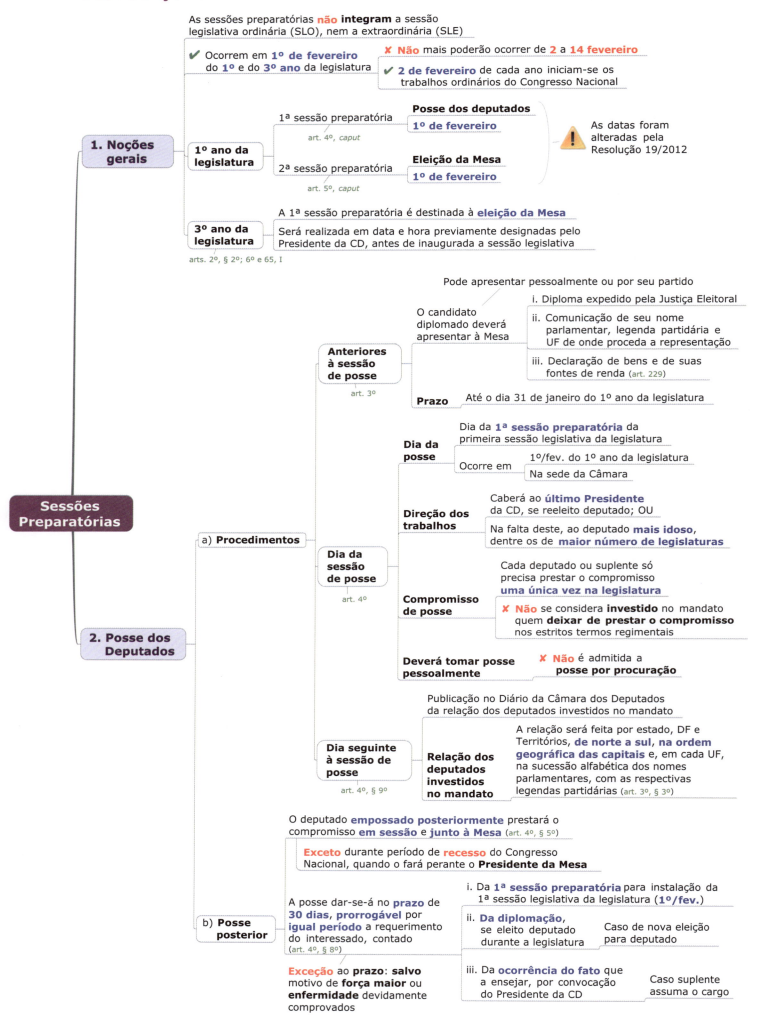

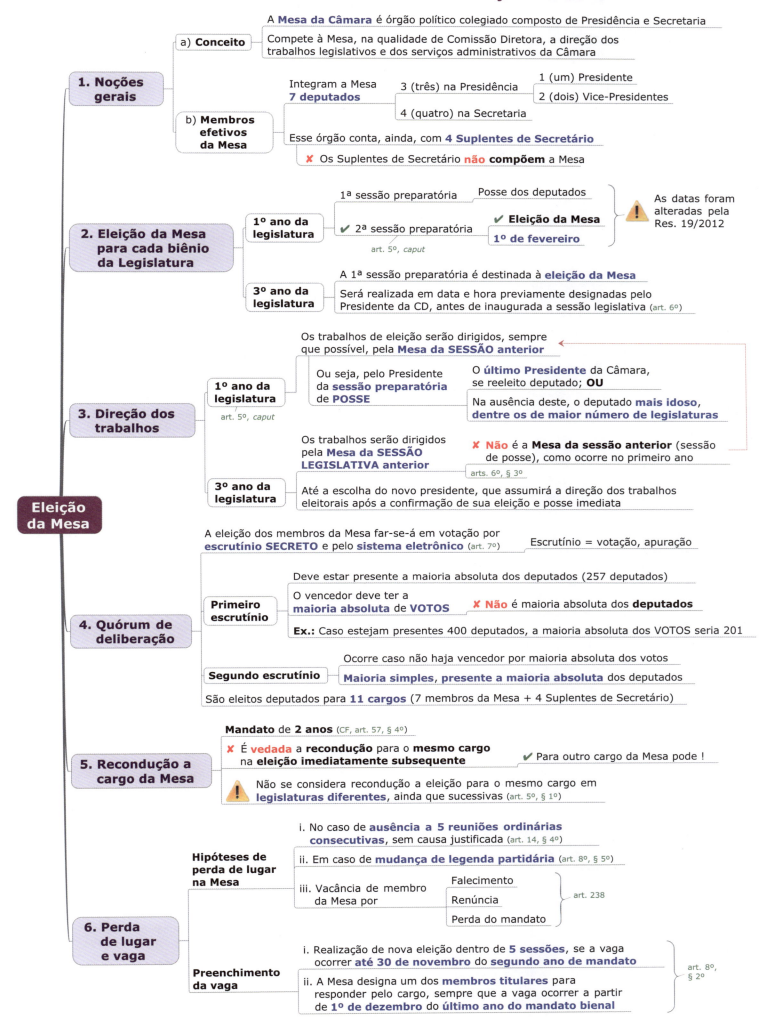

PROCESSO ELEITORAL DA MESA I

5 Passos para a Eleição da Mesa

1º Passo - Distribuição proporcional dos cargos

2º Passo - Escolha dos cargos da Mesa

3º Passo - Escolha dos Deputados para concorrer aos cargos

4º Passo - Realização da eleição

5º Passo - Proclamação do resultado final

Processo Eleitoral da Mesa

1. Distribuição proporcional dos cargos

O 1º passo é a **distribuição PROPORCIONAL dos cargos** para os **partidos** ou **BLOCOS PARLAMENTARES**

Princípio da proporcionalidade partidária
- Na composição da Mesa será assegurada, tanto quanto possível, a **representação proporcional** dos **partidos** ou **blocos parlamentares** que participem da Câmara
- É assegurada a participação de um membro da Minoria, ainda que pela proporcionalidade não lhe caiba lugar (art. 8º, § 3º)

Aferição do tamanho das bancadas
- Definidas com base no número de candidatos **ELEITOS** pela respectiva agremiação, de acordo com o resultado oficial final das eleições
- São desconsideradas as mudanças de filiação partidária posteriores a esse ato (art. 8º, § 4º)

Cálculo das vagas partidárias na Mesa

A **Mesa** atua na qualidade de **Comissão Diretora** (art. 14) — Utiliza-se a regra do art. 27 para o cálculo das vagas partidárias na Mesa

Regra do art. 27

1º
- Divide-se o número de **MEMBROS DA CÂMARA** (513 Deputados) pelo número de **MEMBROS DA MESA** que serão eleitos (11) = Quociente "Q1"
- Quociente "Q1" = 513/11 = 46,636

2º
- Cálculo do quociente partidário
  - **QUOCIENTE PARTIDÁRIO** — Número de lugares a que cada bancada poderá concorrer na Mesa
- Divisão entre o número de **MEMBROS DO partido** ou **bloco** pelo quociente **"Q1"** (46,636)
- O quociente partidário é o **INTEIRO** da divisão acima
- **Ex.:** PT – 87 deputados eleitos
  - Membros do PT (87) /"Q1" (46,636)= 1,89
  - Quociente partidário do PT = inteiro (1,89) = 1
  - O PT tem 1 vaga garantida na Mesa

3º
- As **vagas que sobrarem** serão destinadas aos partidos ou blocos parlamentares, levando-se em conta as **FRAÇÕES** do **quociente partidário**, da maior para a menor (§ 1º)

2. Escolha dos cargos da Mesa

Cargos = Presidente, Vice-Presidente, Secretários e Suplentes

Após a distribuição proporcional dos cargos, a **escolha** ocorre por

i. Escolha das **lideranças, da maior para a de menor representação**, conforme o número de cargos que corresponda a cada uma delas; **OU**

ii. **Acordo entre as bancadas** para composição diversa

art. 8º, § 1º

⚠ A escolha dos cargos pelo partido ou bloco parlamentar permanece para a 2ª eleição da Mesa na legislatura (que ocorre no 3º ano legislativo)

3. Escolha dos Deputados para concorrer aos cargos

No 3º passo, ocorre a escolha dos Deputados de cada partido ou bloco parlamentar para concorrer aos cargos que, de acordo com a proporcionalidade partidária, lhes caiba prover

Candidato oficial
- Refere-se ao deputado escolhido oficialmente pelo partido ou bloco partidário para ser candidato ao cargo da Mesa
- A candidatura oficial não impede a ocorrência de **candidaturas avulsas** originadas da **mesma bancada** (partido ou bloco partidário)
- ⚠ A escolha do candidato oficial ocorrerá na forma prevista no **estatuto** de cada partido, ou conforme o estabelecer a própria bancada (art. 8º, I)
- **LÍDER**
  - O **líder** tem a competência de **registrar** o **candidato oficial** do partido ou bloco parlamentar (art. 10, V)
  - O **líder** fará, também, a indicação, se houver omissão ou, ainda, se a bancada não o fizer (art. 8º, II)

Candidatura avulsa
- É a candidatura de deputado registrada por conta própria do parlamentar
- A candidatura avulsa de deputado deve ser oriunda da **mesma bancada** (partido ou bloco parlamentar) a que pertencer a vaga
  - ✗ O RICD **não permite** **candidaturas avulsas** oriundas de **bancadas diferentes** para o cargo de **Presidente da Câmara**
- A candidatura avulsa deve ser **comunicada por escrito** ao Presidente da Câmara, sendo-lhe assegurado o tratamento conferido aos demais candidatos (art. 8º, IV)

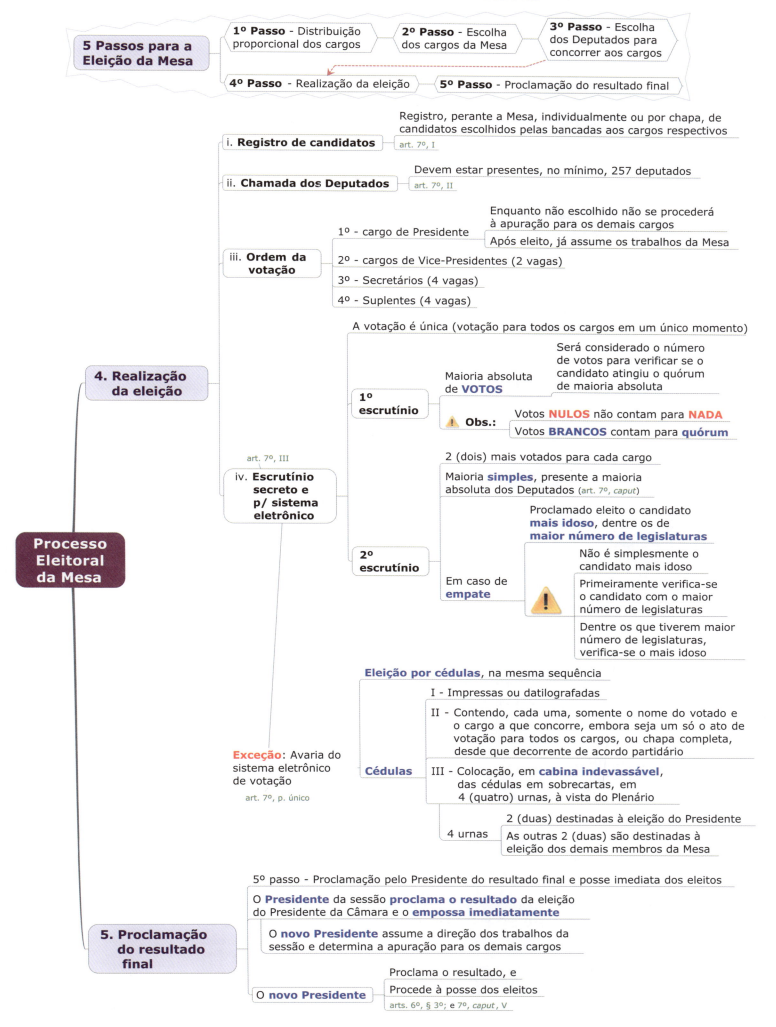

DISPOSIÇÕES PRELIMINARES - DOS LÍDERES

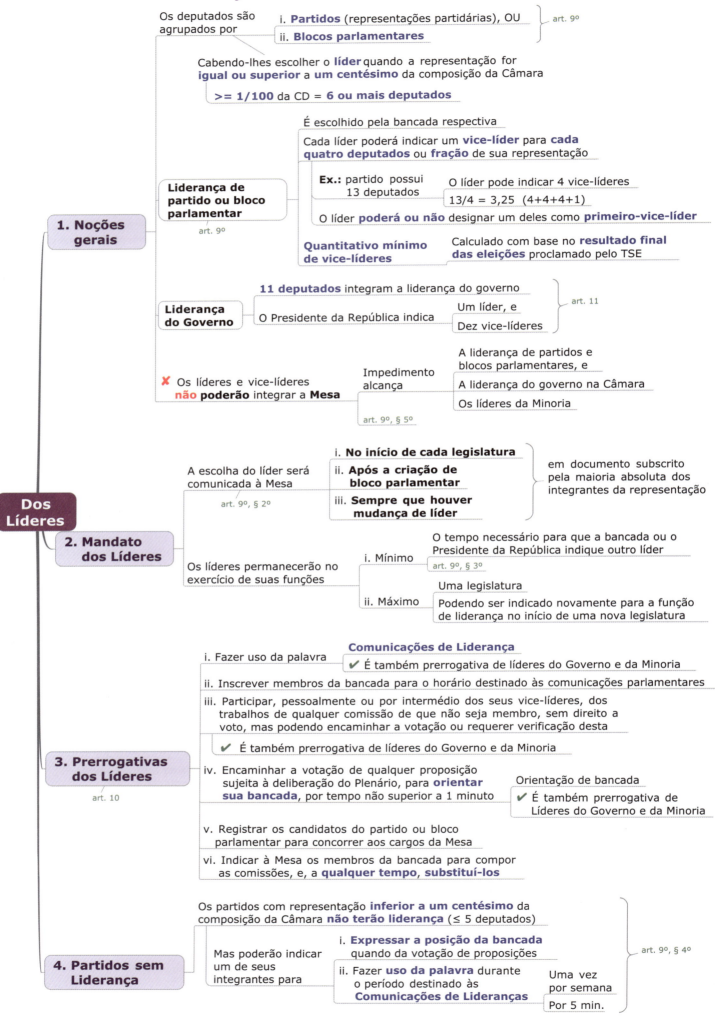

DISPOSIÇÕES PRELIMINARES IV - DOS BLOCOS PARLAMENTARES

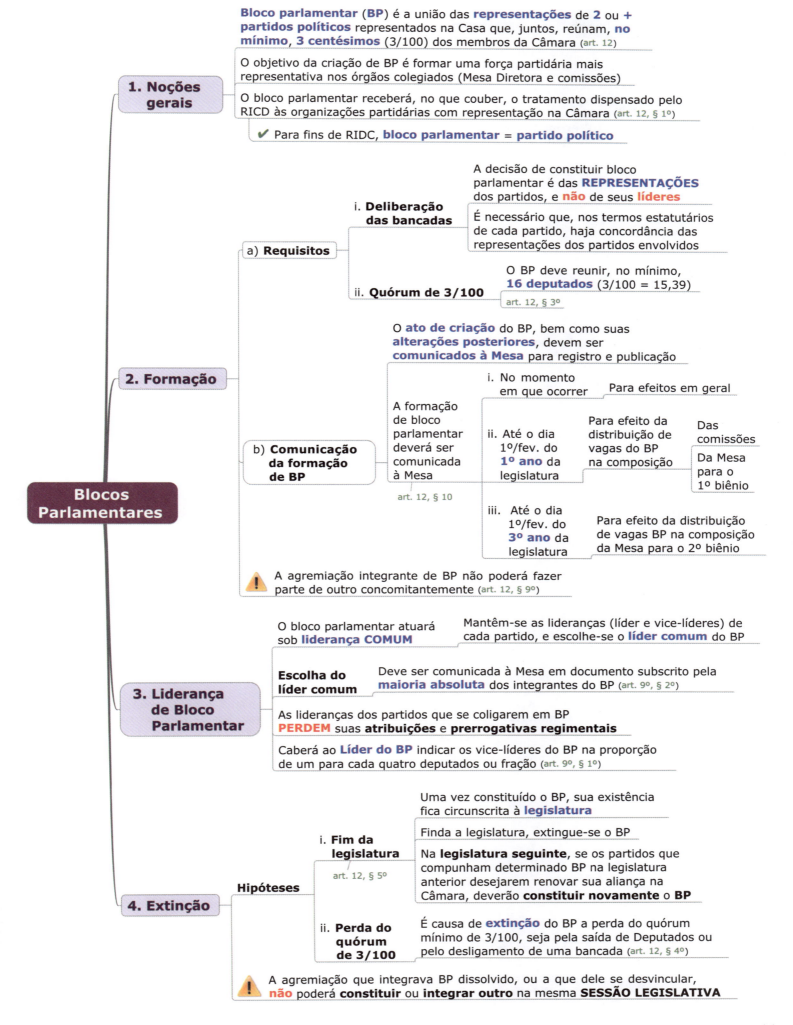

DISPOSIÇÕES PRELIMINARES V - DA MAIORIA E DA MINORIA

Maioria e Minoria

1. Maioria

A **Maioria** será a bancada que possuir a **maioria absoluta** (257) dos membros da Câmara (art. 13)

Caso nenhuma representação atinja a maioria absoluta: Assumirá as funções de **Maioria** o partido ou bloco parlamentar que tiver o **maior número de representantes** na Câmara (art. 13, p. único)

Prerrogativas da Maioria
- i. Tem a primazia na escolha de cargo da Mesa (art. 8º, § 1º)
- ii. Dispõe de maior tempo para Comunicações de Liderança (art. 89)
- iii. Integra o Conselho da República, órgão superior de consulta do Presidente da República (CF, art. 89, IV)

2. Minoria

a) Noções gerais

A **Minoria** é a representação **imediatamente inferior** que, em relação ao governo, expresse **posição diversa** da **Maioria**

2 casos
- Se a Maioria é **favorável** ao Governo: A Minoria será o maior partido entre aqueles contrários ao entendimento do Governo
  - **Ex.:** Na legislatura atual, a Minoria é o PSDB
- Se a Maioria é **contrária** ao Governo: A Minoria será o maior partido entre aqueles favoráveis ao entendimento do Governo

Para ser minoria, deve-se atender a 2 condições
- **1ª condição**: Em relação ao governo, **posição diversa da Maioria**
- **2ª condição**: Representação **imediatamente inferior** à Maioria

✗ **Não confundir** Minoria com o **menor partido** na Câmara

b) Liderança da minoria

art. 11-A c/c art. 10, I, III e IV

Constituição
- A **liderança da Minoria** será composta de: 1 líder, e 6 vice-líderes — art. 11-A
- Caberá a representação considerada Minoria a indicação do líder
- Os 6 vice-líderes serão indicados pelo líder da Minoria, dentre os partidos que, em relação ao governo, expressem posição contrária à da Maioria
- A existência da liderança da Minoria se dá sem prejuízo das prerrogativas do líder e vice-líderes do partido ou do bloco parlamentar considerado Minoria

Prerrogativas
- i. Fazer uso da palavra **Comunicações de Liderança**
- ii. Participar, pessoalmente ou por intermédio dos seus vice-líderes, dos trabalhos de qualquer comissão de que não seja membro, sem direito a voto, mas podendo encaminhar a votação ou requerer verificação desta
- iii. Encaminhar a votação de qualquer proposição sujeita à deliberação do Plenário, para **orientar sua bancada**, por tempo não superior a 1 minuto

⚠️ **Não** possuem as **prerrogativas** de
- ✗ Inscrever membros da bancada para o horário destinado às comunicações parlamentares
- ✗ Registrar os candidatos do partido ou bloco parlamentar para concorrer aos cargos da Mesa
- ✗ Indicar à Mesa os membros da bancada para compor as comissões, e, a **qualquer tempo**, **substituí-los**

c) Outras prerrogativas da Minoria
- i. Possui cargo garantido na Mesa e nas comissões (art. 8º, § 3º; e art. 23)
- ii. Integra o Conselho da República, órgão superior de consulta do Presidente da República (CF, art. 89, IV)

Capítulo 2

Dos Órgãos da Câmara

DOS ÓRGÃOS DA CÂMARA I - MESA DA CÂMARA

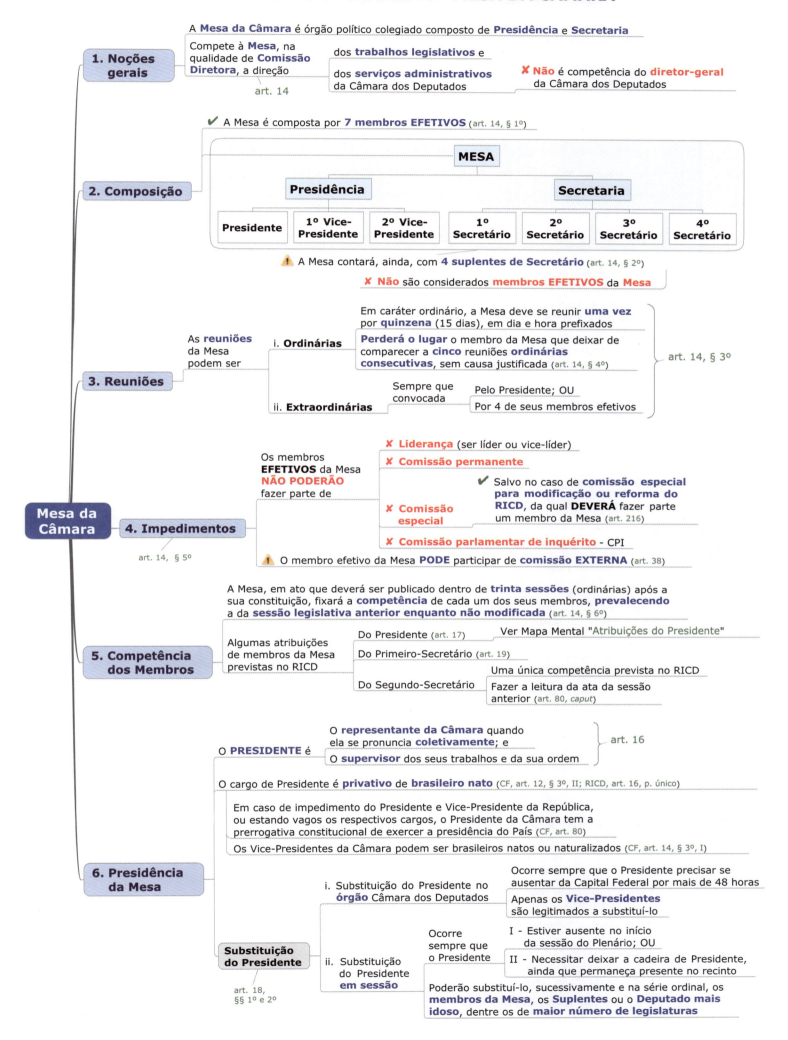

DA COMPETÊNCIA DA MESA - ART. 15

Competência da Mesa (art. 15)

I – **Dirigir todos os serviços** da Casa durante as **sessões legislativas** e nos seus interregnos e tomar as providências necessárias à regularidade dos trabalhos legislativos, **RESSALVADA** a **competência** da **Comissão Representativa do Congresso Nacional**;

II – **Constituir**, **EXCLUÍDO** o seu **Presidente**, **alternadamente** com a **Mesa do Senado**, a **Mesa do Congresso Nacional**, nos termos do § 5º do art. 57 da Constituição Federal;

III – **Promulgar**, juntamente com a Mesa do Senado Federal, **emendas à Constituição**;

IV – Propor **ação de inconstitucionalidade**, por iniciativa própria ou a requerimento de Deputado ou comissão;

V – Dar parecer sobre a elaboração do Regimento Interno da Câmara e suas modificações;

VI – Conferir aos seus membros atribuições ou encargos referentes aos serviços legislativos e administrativos da Casa;

VII – Fixar diretrizes para a divulgação das atividades da Câmara;

VIII – Adotar medidas adequadas para promover e valorizar o Poder Legislativo e resguardar o seu conceito perante a nação;

IX – Adotar as providências cabíveis, por solicitação do interessado, para a **defesa judicial** e **extrajudicial** de Deputado contra a ameaça ou a prática de ato atentatório do livre exercício e das prerrogativas constitucionais do mandato parlamentar;

X – **Fixar**, no **início da** (~~primeira e terceira sessões legislativas da~~) **legislatura**, ouvido o Colégio de Líderes, o **número de Deputados** por partido ou bloco parlamentar **em cada comissão permanente**;

⚠️ O número de Deputados das comissões permanentes será **fixado** no **início de cada legislatura** e **mantido** durante todo esse período (arts. 25 e 26)

XI – Elaborar, ouvido o Colégio de Líderes e os Presidentes de comissões permanentes, projeto de **Regulamento Interno das Comissões**, que, aprovado pelo Plenário, será parte integrante do RICD;

⚠️ O Regulamento Interno das Comissões ainda não foi elaborado

XII – **Promover** ou **adotar**, em virtude de decisão judicial, as **providências necessárias**, de sua alçada ou que se insiram na competência legislativa da Câmara dos Deputados, relativas aos arts. 102, I, q (**MANDADO DE INJUNÇÃO**), e 103, § 2º (**AÇÃO DIRETA DE INCONSTITUCIONALIDADE POR OMISSÃO**), da CF;

XIII – Apreciar e encaminhar **pedidos escritos de informação** a ministros de Estado, nos termos do art. 50, § 2º, da Constituição Federal; — **Requerimentos de informação**

XIV – **Declarar a perda do mandato de Deputado**, quando:
  i. O Deputado deixar de comparecer, em cada sessão legislativa, à terça parte das sessões ordinárias da Casa a que pertencer, salvo licença ou missão autorizada;
  ii. O Deputado perder ou tiver suspensos os direitos políticos;
  iii. Quando o decretar a Justiça Eleitoral.
  (CF, art. 55, III, IV e V)

XV – Aplicar a penalidade de **censura ESCRITA** a Deputado;

XVI – **Decidir CONCLUSIVAMENTE**, em grau de **recurso**, as matérias referentes:
  i. Ao ordenamento jurídico de pessoal, e
  ii. Aos serviços administrativos da Câmara;

XVII – **Propor**, privativamente, à Câmara projeto de **resolução** dispondo sobre sua organização, funcionamento, polícia, regime jurídico do pessoal, criação, transformação ou extinção de cargos, empregos e funções (~~e fixação da respectiva remuneração, observados os parâmetros estabelecidos na lei de diretrizes orçamentárias~~);

⚠️ A **remuneração** dos servidores públicos somente poderá ser fixada ou alterada por **LEI** específica (CF, art. 37, X) ❌ A CD **não** pode fixar a própria remuneração por **resolução**

XVIII – Prover os cargos, empregos e funções dos serviços administrativos da Câmara, bem como conceder licença, aposentadoria e vantagens devidas aos servidores, ou colocá-los em disponibilidade;

XIX – Requisitar servidores da administração pública direta, indireta ou fundacional para quaisquer de seus serviços;

XX – **Aprovar** a **proposta orçamentária** da Câmara e **encaminhá-la** ao **Poder Executivo**;

XXI – Encaminhar ao Poder Executivo as solicitações de créditos adicionais necessários ao funcionamento da Câmara e dos seus serviços;

XXII – Estabelecer os limites de competência para as autorizações de despesa;

XXIII – Autorizar a assinatura de convênios e de contratos de prestação de serviços;

XXIV – Aprovar o **orçamento analítico** da Câmara;

XXV – Autorizar licitações, homologar seus resultados e aprovar o calendário de compras;

XXVI – Exercer fiscalização financeira sobre as entidades subvencionadas, total ou parcialmente, pela Câmara, nos limites das verbas que lhes forem destinadas;

XXVII – Encaminhar ao **Tribunal de Contas da União** a **prestação de contas da Câmara** em cada exercício financeiro;

XXVIII – Requisitar **reforço policial**, nos termos do parágrafo único do art. 270;

XXIX – Apresentar à Câmara, na sessão de encerramento do ano legislativo, resenha dos trabalhos realizados, precedida de sucinto relatório sobre o seu desempenho.

⚠️ Em caso de **matéria inadiável**, poderá o **Presidente**, ou quem o estiver **substituindo**, **decidir**, *ad referendum* da Mesa, sobre assunto de competência desta (art. 15, p. único)

16

MESA DA CÂMARA - ATRIBUIÇÕES DO PRESIDENTE

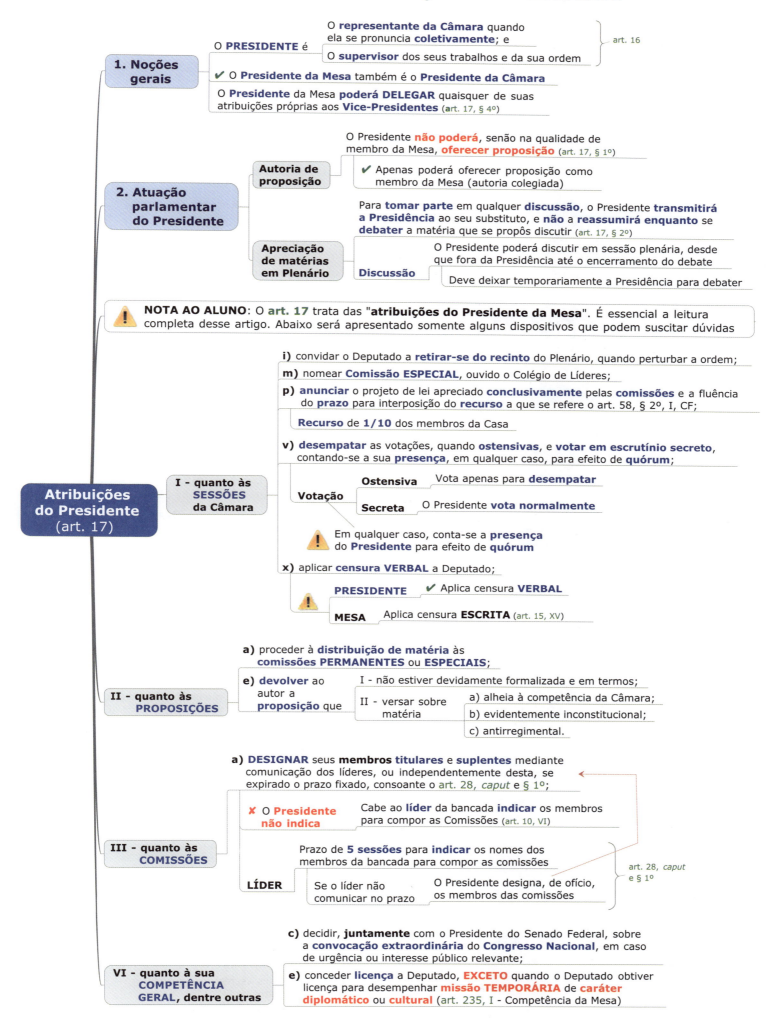

17

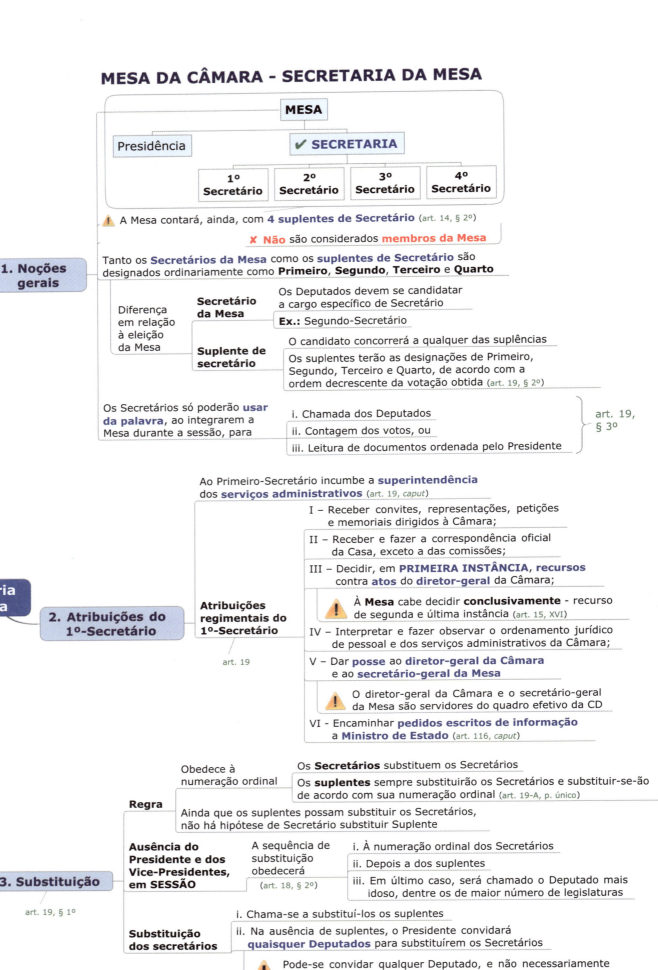

DOS ÓRGÃOS DA CÂMARA II

a) Conceito
- O **Colégio de Líderes** é órgão deliberativo e opinativo de caráter eminentemente político
- As decisões desse colegiado servem para orientar os liderados e a Presidência da Câmara quanto aos anseios e/ou interesses político-partidários das bancadas representadas na Casa

b) Constituição do Colégio de Líderes (art. 20)
- I - Líder da Maioria
- II - Líder da Minoria
- III - Líderes dos partidos
- IV - Líderes dos blocos parlamentares; e
- V - Líder do governo

⚠ Os **líderes de partidos** que **participem** de **bloco parlamentar** e o **líder do governo** terão **DIREITO** a **VOZ**, no Colégio de Líderes, mas **NÃO** a **VOTO** (art. 20, § 1º)

1. Colégio de Líderes

c) Atribuições do Colégio de Líderes no RIDC

i. **Opinar** junto à Mesa quando da fixação do número de deputados por partido ou bloco parlamentar em cada uma das comissões permanentes (art. 15, X c/c art. 25)

ii. **Opinar** (e auxiliar) na elaboração do projeto de regulamento interno das comissões (art. 15, XI)

iii. **Auxiliar** o Presidente na organização da agenda mensal de matérias para apreciação da Câmara no mês subsequente (art. 17, I, s)

iv. Examinar e assentar providências relativas à eficiência do trabalho legislativo, juntamente com os Presidentes de comissões permanentes (art. 42)

v. Propor ao Presidente convocação de períodos de sessões extraordinárias (art. 66, § 4º)

vi. **CONVOCAR** sessões **extraordinárias** (art. 67, § 1º)

 A convocação de sessão extraordinária da Câmara pelo Colégio de Líderes (art. 67, § 1º) implica **DECISÃO** – e **não** apenas **opinião**
- Obriga a todos os deputados a participarem da sessão (art. 226)

vii. Prorrogar o prazo das sessões da Câmara (arts. 72, *caput*, e 84)

viii. **CONVOCAR** sessões **secretas** (art. 92, I)

ix. Solicitar preferência para a apreciação de proposições (art. 160, § 4º)

d) Deliberações no Colégio de Líderes (art. 20, § 2º)
- ✔ Em regra, suas decisões são tomadas por **CONSENSO**
- Na falta de acordo entre os líderes, o Colégio de Líderes decidirá pela **maioria absoluta**
- **Ponderados** os votos dos líderes em função da expressão numérica de cada bancada

DOS ÓRGÃOS DA CÂMARA III

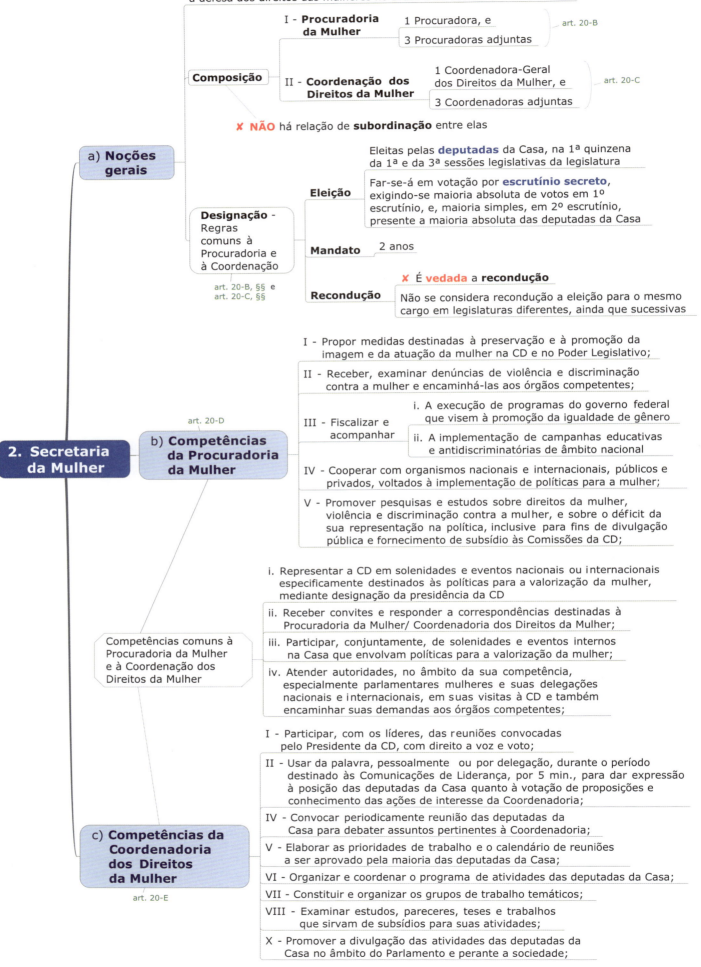

DOS ÓRGÃOS DA CÂMARA IV

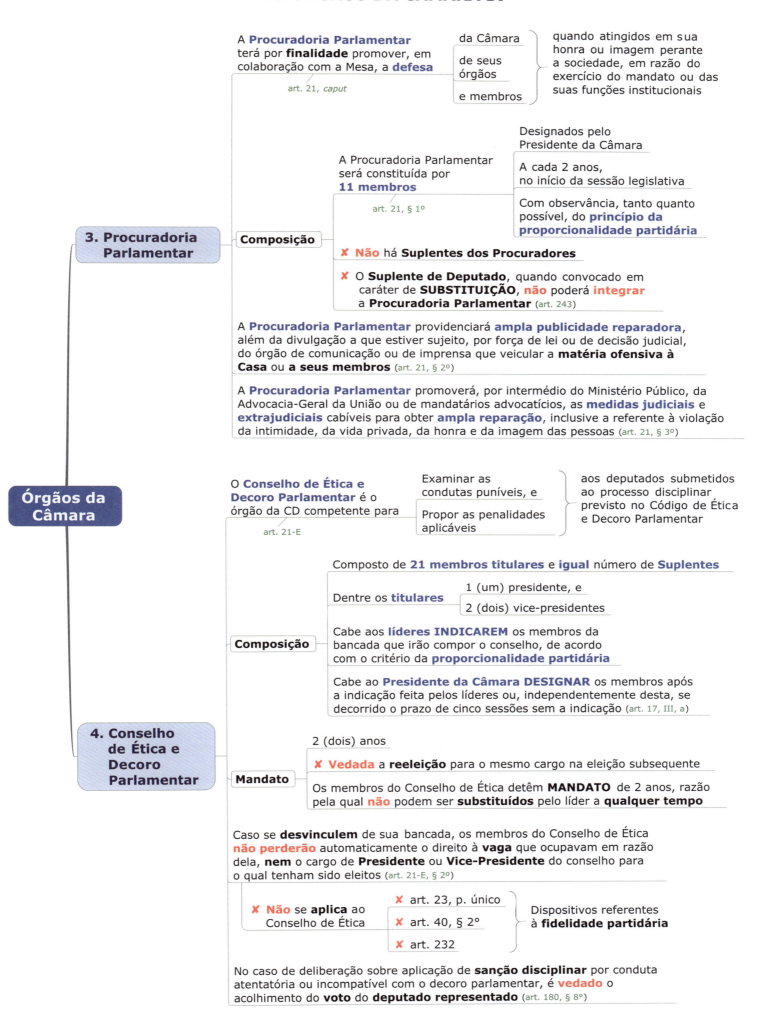

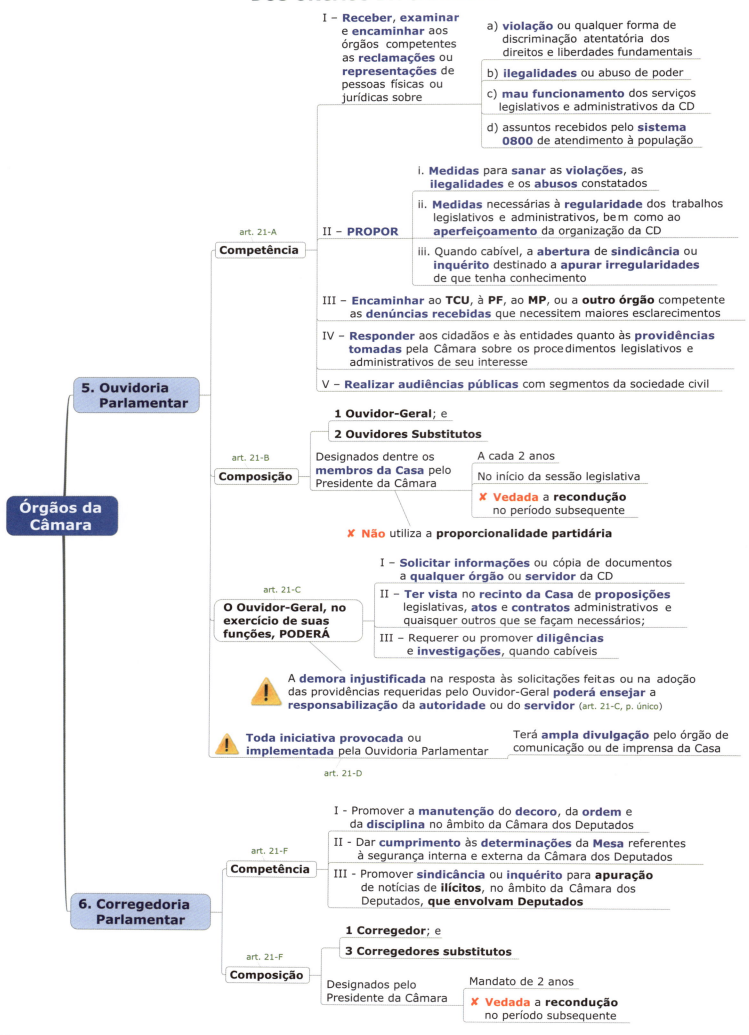

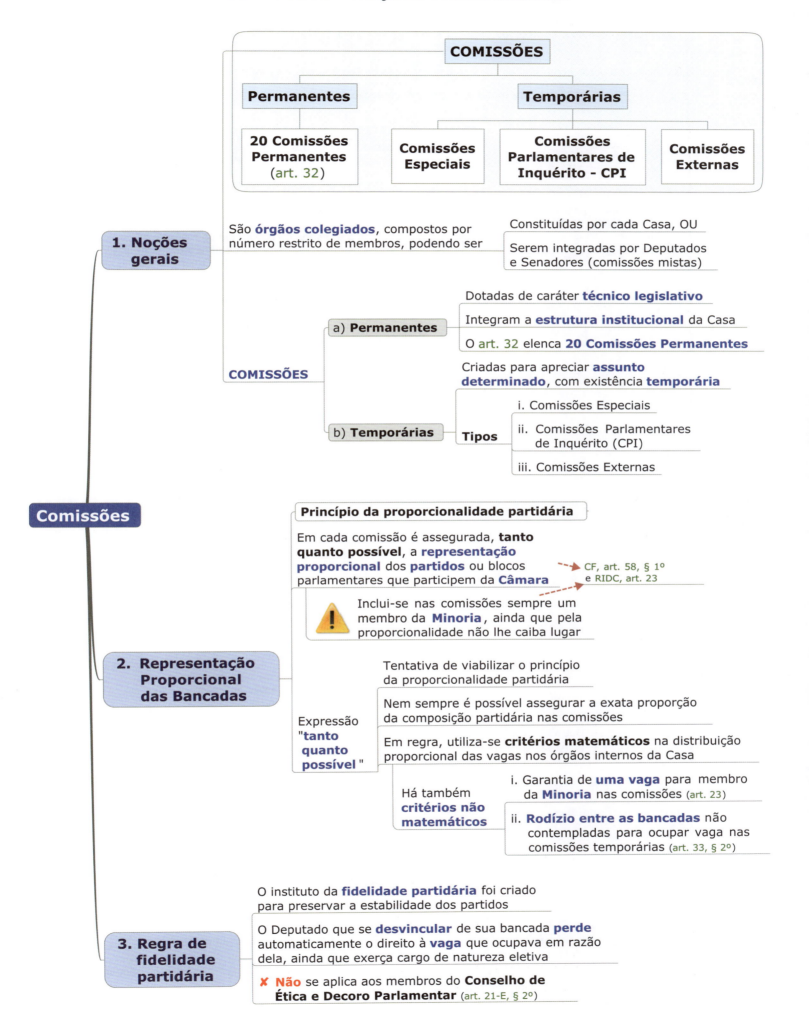

DAS COMISSÕES - COMPETÊNCIAS I - ART. 24

O art. 24 trata das competências das **Comissões Permanentes** e das demais Comissões, como as **Comissões Especiais**, no que lhes for aplicável (art. 24, *caput*)

I - Discutir e votar **proposições** sujeitas à deliberação do Plenário que lhes forem distribuídas

PROPOSIÇÃO é toda matéria sujeita à deliberação da Câmara (art. 100)

Projetos de lei = Projeto de lei **ordinária** (art. 138, § 1º)

II - Discutir e votar **projetos de lei** que **dispensarem** a competência do **Plenário**

PODER CONCLUSIVO das comissões (CF, art. 58, § 2º, I)

⚠ Caberá **recurso** de **1/10** dos membros da Casa para que a matéria seja submetida ao **Plenário**

Requisitos
- Recurso de **1/10** dos membros da Casa
- Apresentado em sessão e provido por decisão do **Plenário** da Câmara

Prazo para o recurso (art. 132, § 2º)
- **5 sessões** da publicação do respectivo anúncio no Diário da Câmara dos Deputados e no avulso da Ordem do Dia

Aplicam-se à tramitação dos projetos de lei submetidos à deliberação conclusiva das Comissões, no que couber, as disposições previstas para as matérias submetidas à apreciação do Plenário da Câmara (art. 24, § 1º)

Competências (art. 24)

⚠ **Não incide** o poder conclusivo das comissões em

✖ a) Projetos de lei complementar (**LC**)

✖ b) Projetos de código

✖ c) Projetos de iniciativa popular

✖ d) Projetos de Comissão

✖ e) Projetos relativos a **matérias** que **não** possam ser objeto de **delegação**, consoante o art. 68, § 1º, CF
- Atos de **competência exclusiva** do Congresso Nacional (**CN**)
- Atos de **competência privativa** da Câmara dos Deputados (**CD**) ou do Senado Federal (**SF**)
- Matéria reservada à lei complementar (**LC**)
- **Legislação sobre:**
  - Organização do Poder Judiciário e do Ministério Público, a carreira e a garantia de seus membros
  - Nacionalidade, cidadania, direitos individuais, políticos e eleitorais
  - Planos plurianuais (**PPA**), diretrizes orçamentárias (**LDO**) e orçamentos (**LOA**)

✖ f) Projetos oriundos do Senado, ou por ele emendados, que tenham sido aprovados pelo Plenário de qualquer das Casas

✖ g) Projetos que tenham recebido **pareceres divergentes**

✖ h) Projetos em regime de **urgência**

Outras **exceções** ao poder conclusivo das comissões no RICD
1. Inclusão de matéria extrapauta para apreciação imediata na Ordem do Dia, antes de decorridos os prazos regimentais para emendas (art. 52, § 5º)
2. Envio de proposição pendente de parecer, quando esgotados os prazos (art. 52, § 6º)
3. Tramitação conjunta (apensamento) de projeto de lei sujeito ao poder conclusivo a outro que tramite em regime de urgência (art. 142 c/c art. 143, p. único)

III - Realizar **audiências públicas** com entidades da sociedade civil

Finalidades da audiência pública (art. 255)
- i. Instruir matéria legislativa em trâmite
- ii. Tratar de assuntos de interesse público relevante, da sua área de atuação, mediante
  - Proposta de qualquer membro, ou
  - A pedido de entidade interessada

IV - Convocar **Ministro de Estado** para prestar, pessoalmente, **informações** sobre assunto previamente determinado, ou conceder-lhe audiência para expor assunto de relevância de seu ministério

Controle político-administrativo
Caracteriza crime de responsabilidade — A ausência sem justificação adequada

CF, art. 50, *caput*

A CF prevê ainda a possibilidade de convocação de quaisquer titulares de órgãos diretamente subordinados à Presidência da República (CF, art. 50, *caput*)

DAS COMISSÕES - COMPETÊNCIAS II - ART. 24

Competências (art. 24)

V - Encaminhar, por meio da **Mesa**, pedidos **escritos** de informação a **Ministro de Estado**

- **Controle político-administrativo**
  - Caracteriza crime de responsabilidade
    - A recusa
    - O não atendimento no prazo de **30 dias**
    - A prestação de informações falsas
  - CF, art. 50, § 2º
  - Procedimento - art. 116

VI - Receber petições, reclamações ou representações de qualquer pessoa contra atos ou omissões das autoridades ou entidades públicas

- Serão, conforme o caso, recebidas e examinadas
  - Pela Ouvidoria Parlamentar;
  - Pelas Comissões; ou
  - Pela Mesa
- art. 253
- Requisitos
  - Devem ser encaminhadas
    - Por escrito ou por meio eletrônico, identificadas em formulário próprio; ou
    - Por telefone, com a identificação do autor
  - O assunto deve envolver matéria de competência da Câmara dos Deputados

VII - Solicitar depoimento de qualquer autoridade ou cidadão

VIII - Acompanhar e apreciar programas de obras, planos nacionais, regionais e setoriais de desenvolvimento e sobre eles emitir parecer, em articulação com a Comissão Mista Permanente de que trata o art. 166, § 1º, da CF

IX - Exercer o acompanhamento e a fiscalização **c**ontábil, **f**inanceira, **o**rçamentária, operacional e **p**atrimonial (**fiscalização COFOP**) da **União** e das entidades da **administração direta** e **indireta**, incluídas as fundações e sociedades instituídas e mantidas pelo Poder Público federal, em articulação com a Comissão Mista Permanente de que trata o art. 166, § 1º, da CF

Controle financeiro-orçamentário

X - Determinar a realização, com o auxílio do TCU, de **fiscalizações de natureza COFOP**, nas unidades administrativas dos Poderes Legislativo, Executivo e Judiciário, da administração direta e indireta, incluídas as fundações e sociedades instituídas e mantidas pelo Poder Público federal

XI - Exercer a fiscalização e o controle dos atos do Poder Executivo, incluídos os da administração indireta

XII - **PROPOR** a sustação dos **atos normativos** do **Poder Executivo** que exorbitem do **poder regulamentar** ou dos limites de **delegação legislativa**, elaborando o respectivo decreto legislativo

 A sustação será aplicada mediante **decreto legislativo**, competência exclusiva do Congresso Nacional (CF, art. 49, V)

XIII - Estudar qualquer assunto compreendido no respectivo campo temático ou área de atividade, podendo promover, em seu âmbito, conferências, exposições, palestras ou seminários

XIV - Solicitar audiência ou colaboração de órgãos ou entidades da administração pública direta, indireta ou fundacional, e da sociedade civil, para elucidação de matéria sujeita a seu pronunciamento, não implicando a diligência dilação dos prazos

DAS COMISSÕES PERMANENTES I

Dotadas de caráter **técnico legislativo**, integram a **estrutura institucional** da Casa

Comissões Permanentes

1. Atribuições

Apreciam assuntos ou **proposições** submetidos ao seu exame e sobre eles **deliberam** (discutem, votam ou emitem pareceres)

Exercem o acompanhamento dos planos e programas governamentais

Exercem a **fiscalização** financeira, orçamentária, contábil, operacional e patrimonial da União

art. 22, I

2. Número de Membros

Competência para fixação

O número de membros efetivos será fixado por **ATO DA MESA**, ouvido o Colégio de Líderes, no **INÍCIO** dos trabalhos de cada **LEGISLATURA**

Limites de cadeiras disponíveis

As Comissões Permanentes terão entre **3,5/100** e **12/100** do total de Deputados, **desprezando-se a fração**

Quantidade mínima de vagas - **17**

Quantidade máxima de vagas - **61**

O número total de vagas nas Comissões Permanentes **não** poderá **exceder** o da **composição da Câmara**, **não** computados os **membros da Mesa**

Número total de vagas disponíveis nas Comissões Permanentes = 513 - 7 = **506**

art. 25

3. Distribuição das Vagas

A **distribuição das vagas** nas Comissões Permanentes entre partidos e blocos parlamentares

a) Será organizada pela Mesa

b) Ocorrerá logo após a **fixação** da respectiva **composição numérica**

Essa distribuição das vagas será **mantida** durante toda a **legislatura** (4 anos)

Regra de fidelidade partidária

O **número de vagas de cada representação partidária** será fixado pelo **resultado final** obtido nas **eleições** e permanecerá inalterado durante toda a legislatura (art. 26, § 4º)

⚠️ As alterações numéricas nas bancadas dos partidos ou blocos parlamentares decorrentes de mudanças de filiação partidária **não** importarão em **modificação** na composição das **Comissões**

Substituição de Membros

Cada partido ou bloco parlamentar terá em cada Comissão, para os seus membros efetivos, a mesma quantidade de suplentes

Exercício parlamentar nas comissões permanentes

Nenhum Deputado poderá fazer parte, como **membro TITULAR**, de **mais de uma Comissão Permanente**

⚠️ Permite-se, no entanto, a **hipótese de acúmulo**, como membro titular, nas comissões de **Legislação Participativa** e de **Segurança Pública e Combate ao Crime Organizado**

⚠️ Na condição de **suplente**, não há limitação para participação dos Deputados

Os **membros efetivos da Mesa não** poderão fazer parte de **Comissão Permanente** (art. 14, § 5º)

É assegurado ao Deputado, **salvo** se **membro da Mesa**, o direito de integrar, como **TITULAR**, pelo menos **uma Comissão Permanente**, ainda que sem legenda partidária ou quando esta não possa concorrer às vagas existentes pelo cálculo da proporcionalidade

art. 26

DAS COMISSÕES PERMANENTES II

Após a **definição da quantidade de vagas** em cada comissão permanente, define-se o **número de assentos que cada representação partidária** (partidos ou blocos parlamentares) terá direito a ocupar

A representação numérica dos partidos e blocos parlamentares nas Comissões é definida na **1ª sessão legislativa** de cada legislatura (art. 28)

Comissões Permanentes

4. Representação Numérica

Cálculo das vagas partidárias em cada Comissão (art. 27)

1º
Divide-se o número de **Membros da Câmara** (513 Deputados) pelo número de **Membros de cada Comissão Permanente**, obtendo-se um Quociente "Q1"

⚠ Esse Quociente é determinado para cada Comissão separadamente

2º
Cálculo do quociente partidário

QUOCIENTE PARTIDÁRIO — Número de lugares que cada bancada poderá concorrer na Comissão

Divisão entre o número de **MEMBROS DO partido** ou **bloco** pelo quociente **"Q1"**

O quociente partidário é o **INTEIRO** da divisão acima

3º
As **vagas que sobrarem** serão distribuídas às representações partidárias da maior para menor **FRAÇÃO** do **quociente partidário** (§ 1º)

Representação Partidária sem lugares suficientes nas Comissões para a sua bancada

I - a Mesa dará 48 horas ao partido ou bloco parlamentar nessa condição para que declare sua opção por obter lugar em Comissão em que não esteja ainda representado

II - havendo coincidência de opções terá **preferência** o partido ou bloco parlamentar de **maior quociente partidário**

III - a vaga indicada será preenchida em primeiro lugar

IV - só poderá haver o preenchimento de segunda vaga decorrente de opção, na mesma Comissão, quando em todas as outras já tiver sido preenchida uma primeira vaga, em idênticas condições

Deputado sem legenda partidária

I - atendidas as opções do partido ou bloco parlamentar, serão recebidas as dos Deputados sem legenda partidária;

II - quando mais de um Deputado optante escolher a mesma Comissão, terá **preferência** o **mais idoso**, dentre os de **maior número de legislaturas**

Após a distribuição das vagas entre as representações e os Deputados sem legenda partidária, realiza-se a **distribuição das demais vagas** entre as bancadas com direito a se fazer representar na Comissão, de acordo com o 1º e 2º passos da regra de cálculo das vagas partidárias, considerando-se para efeito de cálculo da proporcionalidade o **número de membros** da Comissão **diminuído** da quantidade de **vagas preenchidas por opção**

5. Indicação e Designação dos Membros

Após a definição da participação de cada representação partidária nas Comissões, competirá ao **líder indicar** à Mesa os **membros** da bancada pra compor as comissões, e, a qualquer tempo, **substituí-los** (art. 10, VI)

Indicação

Prazo para o líder indicar (art. 28)

1ª sessão legislativa — **5 sessões**, a partir da definição da **representação numérica** dos partidos e blocos parlamentares

2ª, 3ª e 4ª sessões legislativas — **5 sessões**, a partir do **início de cada sessão legislativa**

Designação

Caso a Liderança não comunique, no prazo fixado, os nomes de sua representação para compor as Comissões, caberá ao **Presidente** fazer a **designação de ofício**

Prazo para o Presidente designar — **3 sessões**

art. 28, § 1º c/c
art. 45, § 3º

DAS COMISSÕES PERMANENTES - DAS SUBCOMISSÕES E TURMAS

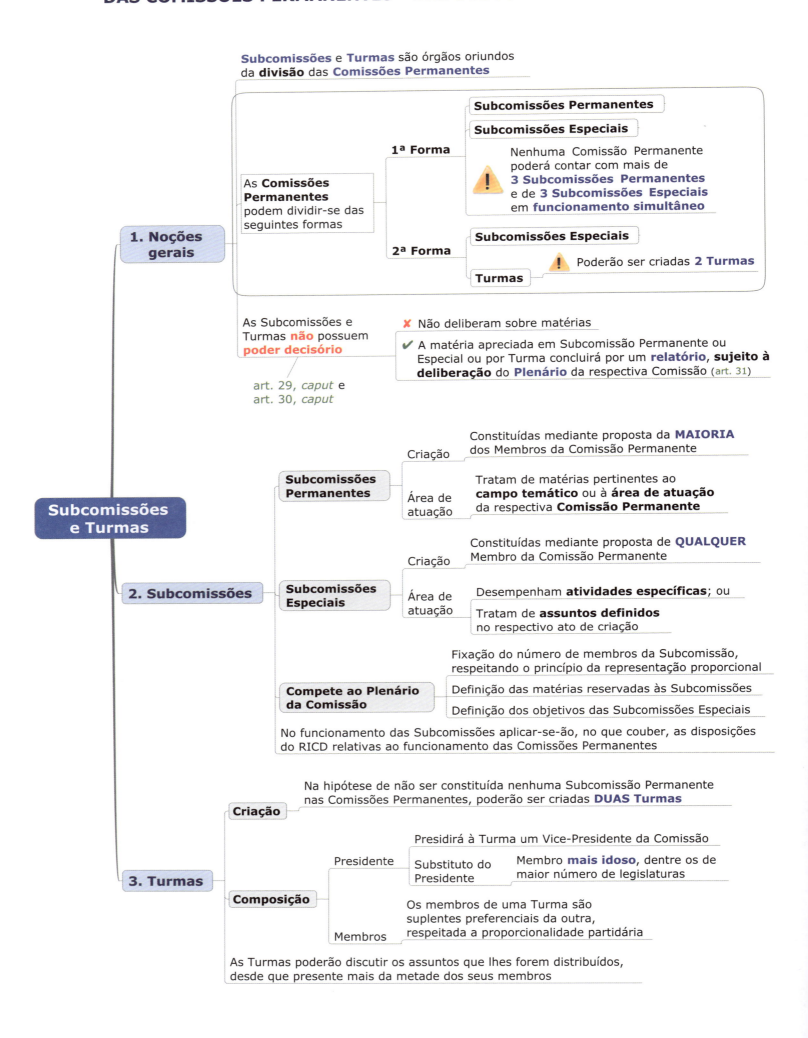

DAS MATÉRIAS OU ATIVIDADES DE COMPETÊNCIA DAS COMISSÕES

Noções gerais

O **art. 32** dispõe sobre as nomenclaturas das **comissões permanentes** e os seus respectivos **campos temáticos** ou **área de atividade**

Em regra, uma comissão **não pode** apreciar matéria inserida na área de atividade de outro colegiado

Em determinadas situações, **duas** ou **mais comissões permanentes** podem proferir parecer de **mérito** referente à **mesma matéria**

Ex.:
Comissão de Desenvolvimento Urbano (CDU)
Comissão de Finanças e Tributação (CFT)

Sistema financeiro da habitação
(art. 32, VII, a; X, b)

! Todas as **comissões permanentes** detêm **competência** para promover a **fiscalização orçamentária**, em suas áreas temáticas

Sem prejuízo da atuação da Comissão Mista de Planos, Orçamentos Públicos e Fiscalização (CF, art. 166, § 1º)
art. 32, p. único

! **NOTA AO ALUNO**: O **art. 32** trata das "**Matérias ou Atividades de Competência das Comissões Permanentes**". É essencial a leitura completa desse artigo. Nesse tópico somente serão apresentados alguns dispositivos que podem suscitar dúvidas, sendo mais prováveis de serem cobrados em prova.

Comissões Permanentes (art. 32)

I - Comissão de Agricultura, Pecuária, Abastecimento e Desenvolvimento Rural

b) política e questões fundiárias; reforma agrária; justiça agrária; direito agrário, destacadamente:

4 - aquisição ou arrendamento de imóvel rural por pessoas físicas ou jurídicas estrangeiras e na **FAIXA DE FRONTEIRA**;

! **Faixa de Fronteira** também está na **Comissão de Relações Exteriores e de Defesa Nacional** (art. 32, XV, h)

II - Comissão da Amazônia, Integração Nacional e de Desenvolvimento Regional

a) assuntos relativos à região **amazônica**, especialmente:

4 - caça, pesca, **fauna** e **flora** e sua regulamentação;

! **Fauna** e **flora** também está na **Comissão de Meio Ambiente e Desenvolvimento Sustentável** (art. 32, XIII, b)

6 - turismo;

III - Comissão de Ciência e Tecnologia, Comunicação e Informática

b) sistema **ESTATÍSTICO**, cartográfico e demográfico nacional;

IV - Comissão de Constituição e Justiça e de Cidadania

e) matérias relativas a **direito** constitucional, eleitoral, civil, **PENAL**, penitenciário, processual, notarial;

✗ Não confundir com a área "**legislação penal**, do ponto de vista da **segurança pública**" da **Comissão de Segurança Pública e Combate ao Crime Organizado** (art. 32, XVI, f)

h) DESAPROPRIAÇÕES;

i) nacionalidade, cidadania, naturalização, regime jurídico dos estrangeiros; emigração e imigração

! Mesma área temática prevista na **Comissão de Relações Exteriores e de Defesa Nacional** (art. 32, XV, d)

q) redação do **VENCIDO** em **Plenário** e **redação final** das proposições em geral;

V - Comissão de Defesa do Consumidor

c) composição, qualidade, apresentação, **publicidade** e distribuição de bens e serviços;

VI - Comissão de Desenvolvimento Econômico, Indústria e Comércio

a) matérias atinentes a **relações econômicas internacionais**;

! Ver também a área temática "**relações econômicas com outros países**" da **Comissão de Relações Exteriores e de Defesa Nacional** (art. 32, XV, a)

c) política e atividade industrial, comercial e agrícola; **setor econômico terciário**, **EXCETO** os **serviços de natureza financeira**;

g) proteção e benefícios especiais TEMPORÁRIOS, **EXCETO** os de **natureza financeira** e **tributária**, às **empresas brasileiras de capital nacional**;

h) COOPERATIVISMO e outras formas de associativismo na atividade econômica, **EXCETO** quando relacionados com **matéria própria de outra Comissão**;

l) matérias relativas a **direito** comercial, societário e **falimentar**; direito econômico;

! **Direito Falimentar** é relacionado a falências e recuperação de empresas

o) políticas e sistema nacional de **metrologia**, normalização e qualidade industrial;

! **Metrologia** é a ciência das medições (lembrar do Inmetro)

DAS MATÉRIAS OU ATIVIDADES DE COMPETÊNCIA DAS COMISSÕES II

Comissões Permanentes (art. 32)

VII - Comissão de Desenvolvimento Urbano

a) assuntos atinentes a urbanismo e arquitetura; política e desenvolvimento urbano; uso, parcelamento e ocupação do solo urbano; habitação e **sistema financeiro da habitação**; **transportes urbanos**; infraestrutura urbana e saneamento ambiental;

⚠️ **Sistema financeiro de habitação -** **Comissão de Finanças e Tributação**

⚠️ **Transportes urbanos** é também área temática da **Comissão de Viação e Transporte** (art. 32, XX, d)

b) matérias relativas a direito urbanístico e à ordenação jurídico-urbanística do território; **planos nacionais e regionais de ordenação do território** e da **organização político-administrativa**;

⚠️ **"Planos nacionais e regionais de ordenação do território** e da **organização político-administrativa"** é também área temática da **Comissão da Amazônia, Integração Nacional e do Desenvolvimento Regional** (art. 32, II, d)

VIII - Comissão de Direitos Humanos e Minorias

e) assuntos referentes às minorias étnicas e sociais, especialmente aos **índios** e às **comunidades indígenas**; regime das terras tradicionalmente ocupadas pelos índios;

⚠️ **"Assuntos indígenas"** é também área temática da **Comissão da Amazônia, Integração Nacional e do Desenvolvimento Regional** (art. 32, II, a, 3)

IX - Comissão de Educação

c) direito da educação;

X - Comissão de Finanças e Tributação

b) **sistema financeiro da habitação**; ←

h) aspectos **financeiros** e **orçamentários** públicos de **quaisquer proposições** que importem **aumento** ou **diminuição** da **receita** ou da **despesa** pública, quanto à sua compatibilidade ou adequação com o plano plurianual, a lei de diretrizes orçamentárias e o orçamento anual;

⚠️ Será **TERMINATIVO** o parecer da **Comissão de Finanças e Tributação**, sobre a **adequação financeira** ou **orçamentária** da proposição (art. 54, II)

i) fixação da remuneração dos membros do Congresso Nacional, do Presidente e do Vice-Presidente da República, dos Ministros de Estado e dos membros da magistratura federal; Ver art. 214

XI - Comissão de Fiscalização Financeira e Controle

a) **tomada de contas do Presidente da República**, na hipótese do art. 51, II, da Constituição Federal;

✔️ A **tomada de contas do Presidente da República** é de competência da **Comissão de Fiscalização Financeira e Controle** (art. 32, XI, a)

✘ **Não** é competência da **Comissão de Finanças e Tributação** conforme consta do **art. 215, caput** (revogado pela Resolução nº 77 de 1995)

XII - Comissão de Legislação Participativa

a) sugestões de iniciativa legislativa apresentadas por associações e órgãos de classe, sindicatos e entidades organizadas da sociedade civil, **EXCETO partidos políticos**;

XIII - Comissão de Meio Ambiente e Desenvolvimento Sustentável

b) recursos naturais renováveis; **flora, fauna** e solo; **edafologia** e desertificação;

⚠️ **Fauna** e **flora** é também área temática da **Comissão da Amazônia, Integração Nacional e de Desenvolvimento Regional** (art. 32, II, a, 4)

Edafologia é a ciência que estuda os solos

XIV - Comissão de Minas e Energia

j) gestão, planejamento e controle dos recursos hídricos; regime jurídico de águas públicas e particulares;

DAS MATÉRIAS OU ATIVIDADES DE COMPETÊNCIA DAS COMISSÕES III

Comissões Permanentes (art. 32)

XV - Comissão de Relações Exteriores e de Defesa Nacional

a) **relações** diplomáticas e consulares, **econômicas** e comerciais, culturais e científicas **com outros países**; relações com entidades internacionais multilaterais e regionais;

⚠️ Ver também a área temática "**relações econômicas internacionais**" da **Comissão de Desenvolvimento Econômico, Indústria e Comércio** (art. 32, VI, a)

c) tratados, atos, **acordos e convênios internacionais** e demais instrumentos de política externa;

d) direito internacional público; ordem jurídica internacional; **nacionalidade; cidadania e naturalização; regime jurídico dos estrangeiros; emigração e imigração**;

⚠️ Mesma área temática prevista na **Comissão de Constituição e Justiça e de Cidadania** (art. 32, IV, i)

e) autorização para o Presidente ou o Vice-Presidente da República ausentar-se do território nacional;

h) assuntos atinentes à **faixa de fronteira** e áreas consideradas indispensáveis à defesa nacional;

⚠️ **Faixa de Fronteira** também é área temática da **Comissão de Agricultura, Pecuária, Abastecimento e Desenvolvimento Rural** (art. 32, I, b, 4)

i) direito militar e legislação de defesa nacional; **direito marítimo, aeronáutico** e espacial;

⚠️ Mesma área temática prevista na **Comissão de Viação e Transportes** (art. 32, XX, e; f)

XVI - Comissão de Segurança Pública e Combate ao Crime Organizado

f) sistema penitenciário, **legislação penal** e processual penal, **do ponto de vista da segurança pública**;

XVII - Comissão de Seguridade Social e Família

d) ações e serviços de saúde pública, campanhas de saúde pública, erradicação de doenças endêmicas; vigilância epidemiológica, **bioestatística** e imunizações;

l) saúde ambiental, saúde ocupacional e **infortunística**; seguro de acidentes do trabalho urbano e rural;

⚠️ **Infortunística** - Parte da Medicina Legal e da legislação trabalhista que trata dos riscos industriais, acidentes do trabalho e moléstias profissionais

t) **matérias relativas** à família, **à mulher**, **à criança**, ao adolescente, ao idoso e à pessoa portadora de deficiência física ou mental;

XVIII - Comissão de Trabalho, de Administração e Serviço Público

a) matéria trabalhista urbana e rural; direito do trabalho e processual do trabalho e **direito acidentário**;

c) assuntos pertinentes à organização, fiscalização, tutela, **segurança e medicina do trabalho**;

d) **trabalho** do **menor de idade**, **da mulher** e do estrangeiro;

Áreas temáticas parecidas

q) regime jurídico dos **servidores públicos** | **civis** e **militares** / **ativos** e **inativos**;

XIX - Comissão de Turismo e Desporto

XX - Comissão de Viação e Transportes

b) transportes aéreo, marítimo, aquaviário, ferroviário, rodoviário e **metroviário**; transporte por dutos;

d) **transportes urbano**, interestadual, intermunicipal e internacional;

e) marinha mercante, portos e vias navegáveis; navegação marítima e de cabotagem e a interior; **direito marítimo**;

f) aviação civil, aeroportos e infraestrutura aeroportuária; segurança e controle do tráfego aéreo; **direito aeronáutico**;

g) transporte de passageiros e de cargas; regime jurídico e legislação setorial; **acordos** e **convenções internacionais**; responsabilidade civil do transportador;

XI - Comissão de Cultura

b) **direito de imprensa**, informação e manifestação do pensamento e expressão da atividade intelectual, artística, científica e de comunicação;

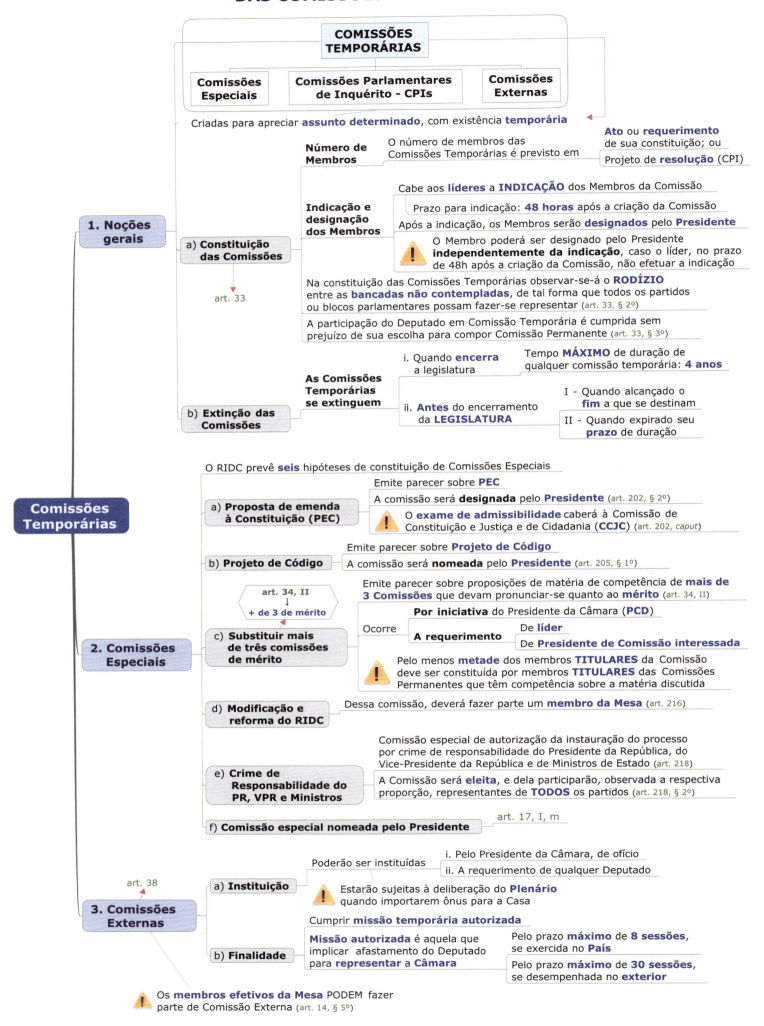

COMISSÃO PARLAMENTAR DE INQUÉRITO I

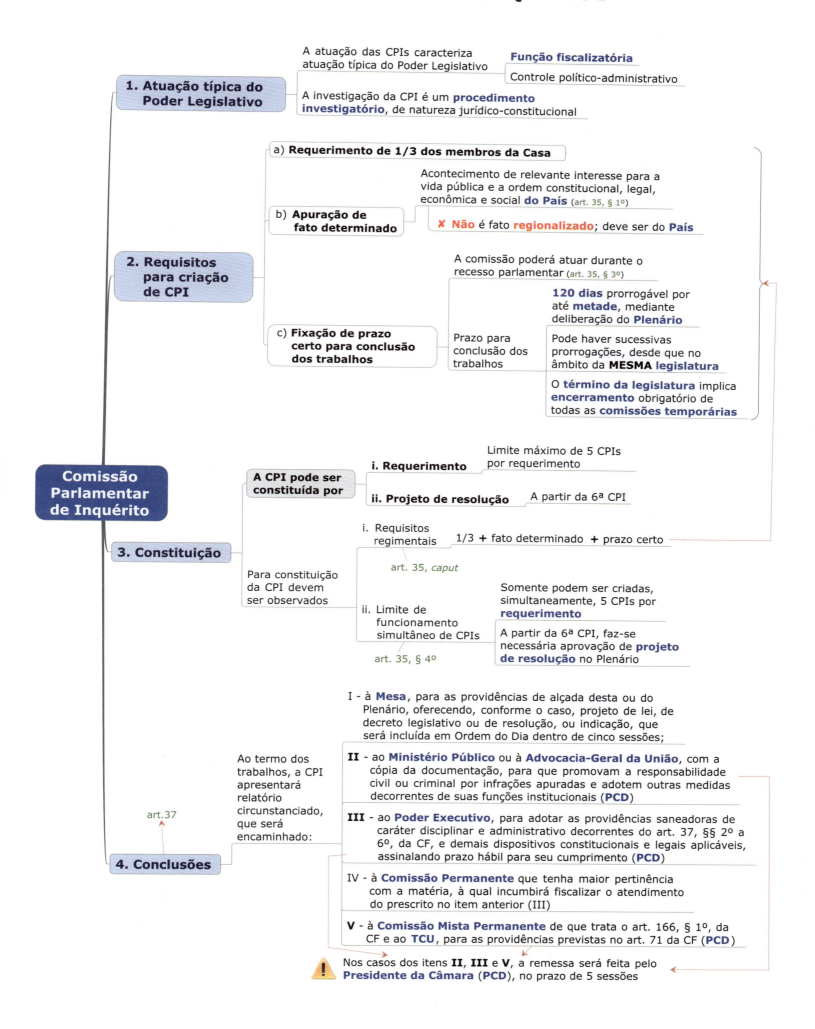

CPI II - PRERROGATIVAS E VEDAÇÕES

Prerrogativas e Vedações das CPIs

A CPI pode

- ✔ Convocar investigados e testemunhas para depor
- ✔ Investigar negócios entre particulares, desde que relacionados ao interesse público
- ✔ Determinar a **condução coercitiva de testemunha**, no caso de recusa ao comparecimento
- ✔ Determinar a **quebra** dos **sigilos bancário**, **fiscal** e **telefônico**
- ✔ Investigar fatos que sejam objetos de inquéritos policiais ou de processos judiciais
- ✔ Convocar magistrados para depor sobre a prática de **atos administrativos**
- ✔ Convocar indígena para depor, desde que na respectiva comunidade e com presença de representante da Funai e de antropólogo
- ✔ Convocar Ministro de Estado e Membro do MP para depor
- ✔ Determinar diligências, perícias e exames que entenderem necessários
- ✔ Utilizar-se de polícia judiciária para localizar testemunha
- ✔ Requisitar de repartições públicas informações e documentos de seu interesse

A CPI não pode

- ✘ Desrespeitar o **direito ao silêncio** e ao **sigilo profissional**
- ✘ Conferir **publicidade indevida** aos **dados sigilosos** obtidos em decorrência da investigação
- ✘ Decretar a indisponibilidade dos bens e outras **medidas cautelares** (sequestro, arresto de bens) — O poder geral de cautela é prerrogativa do Poder Judiciário
- ✘ Autorizar **interceptação telefônica** (gravação de conversas telefônicas)
  - Cláusula de "**reserva de jurisdição**"
  - Sigilo das comunicações telefônicas
  - Medida cabível somente mediante **ordem judicial**, para fins de **investigação criminal** ou **instrução processual penal**
  - CF, art. 5º, XII
- ✘ Decretar a busca e a apreensão **domiciliar** de documentos
  - Inviolabilidade do domicílio — CF, art. 5º, XI
  - Medida passível somente por ordem judicial
- ✘ Convocar magistrados para depor sobre a prática de **ato de natureza jurisdicional**
- ✘ Decretar a **prisão** do depoente, salvo em situação de **flagrante delito**, como falso testemunho, por exemplo
  - Cláusula de "**reserva de jurisdição**"
  - Prerrogativa do Judiciário
- ✘ Proibir investigado de ausentar-se do País
- ✘ Impedir a presença de advogado dos depoentes em suas reuniões
- ✘ Oferecer denúncia ao Poder Judiciário
- ✘ **Processar**, **julgar**, **condenar**, apurar **responsabilidade** civil ou penal do investigado, pois trata-se de **procedimento investigatório**

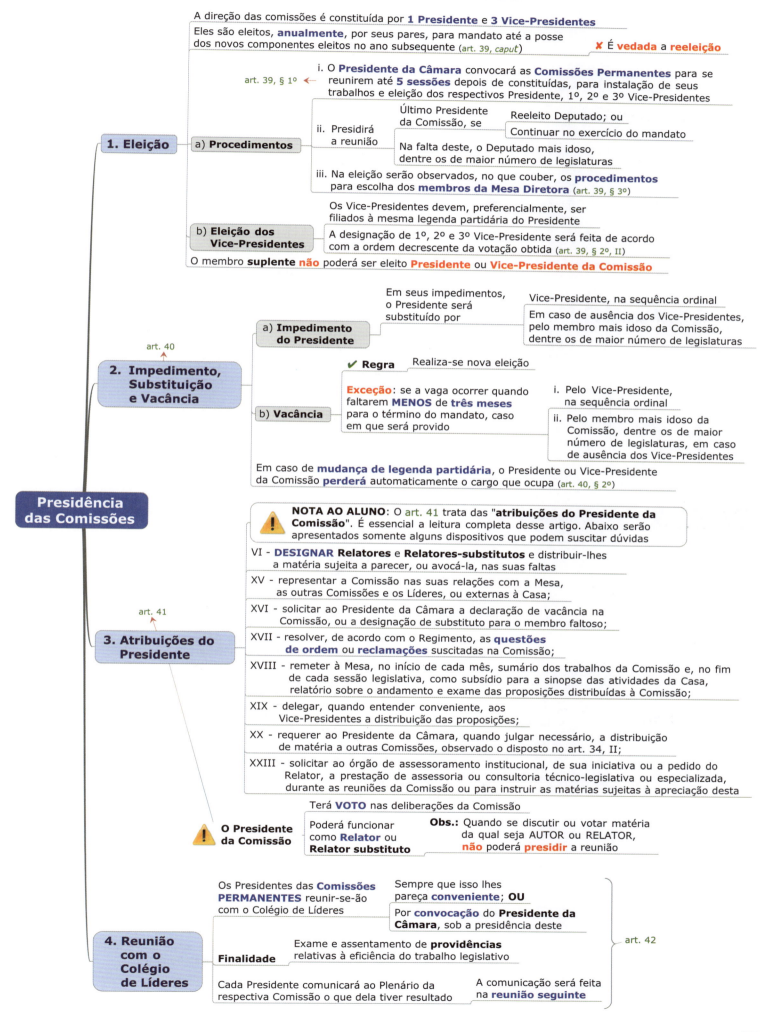

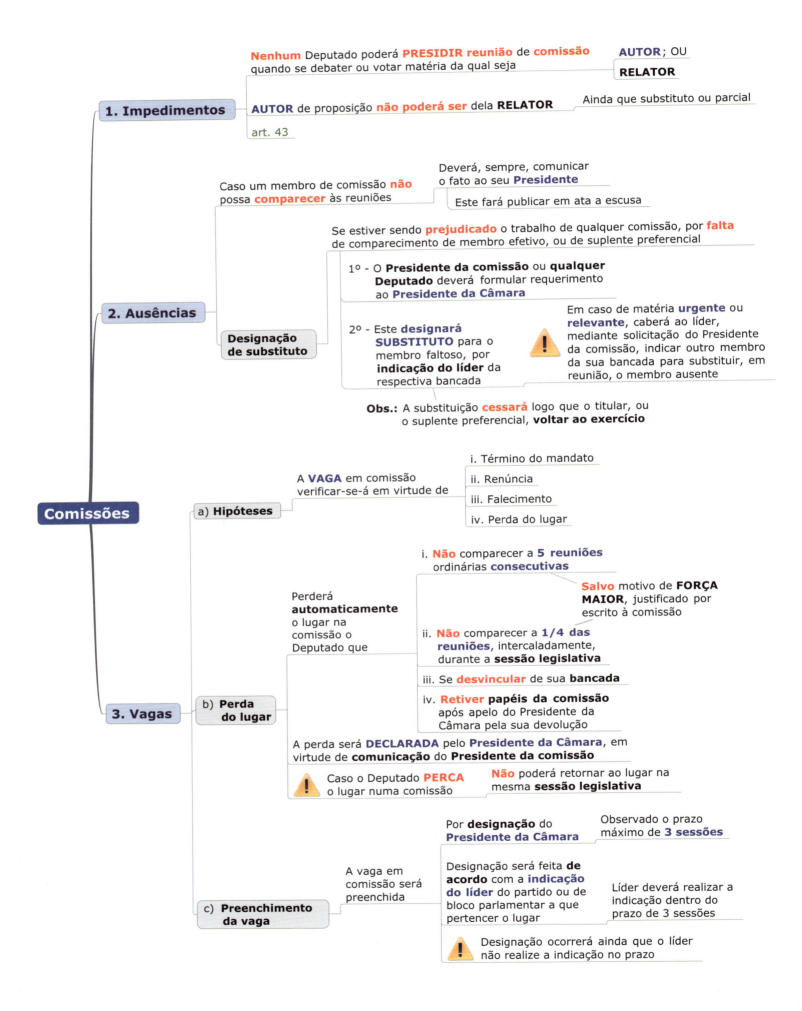

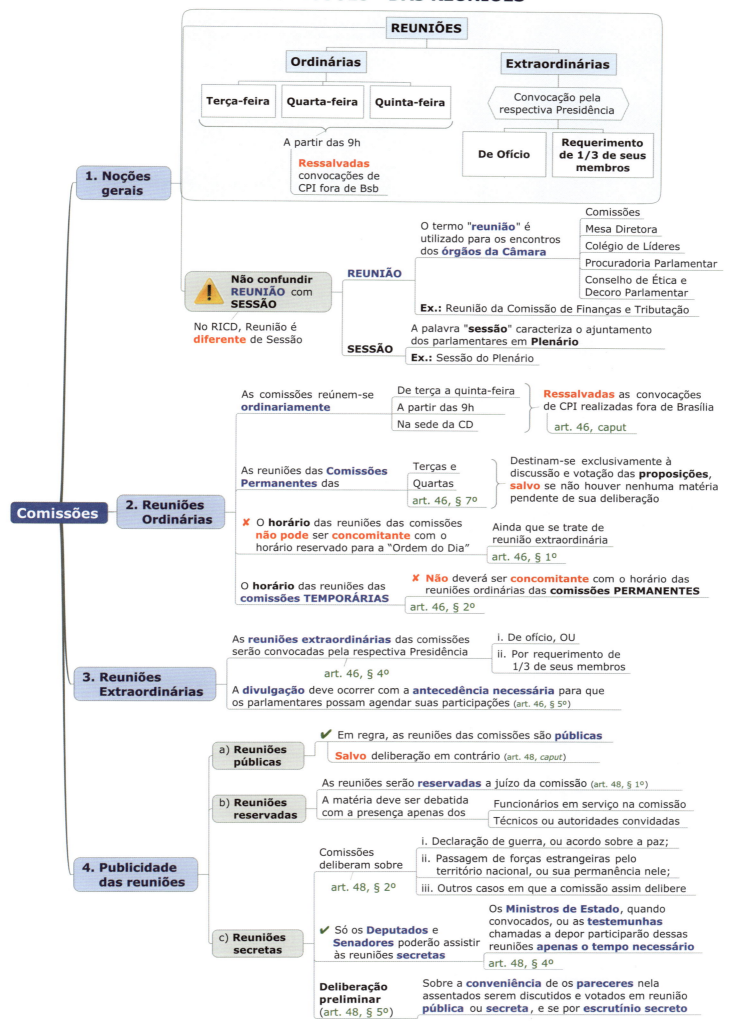

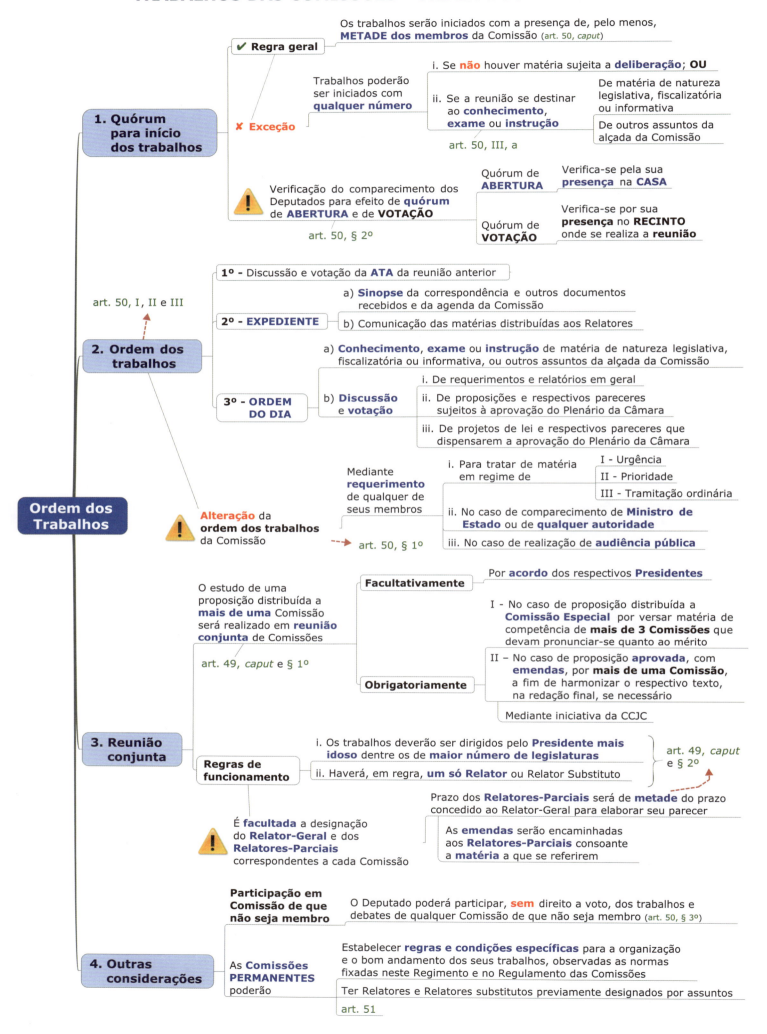

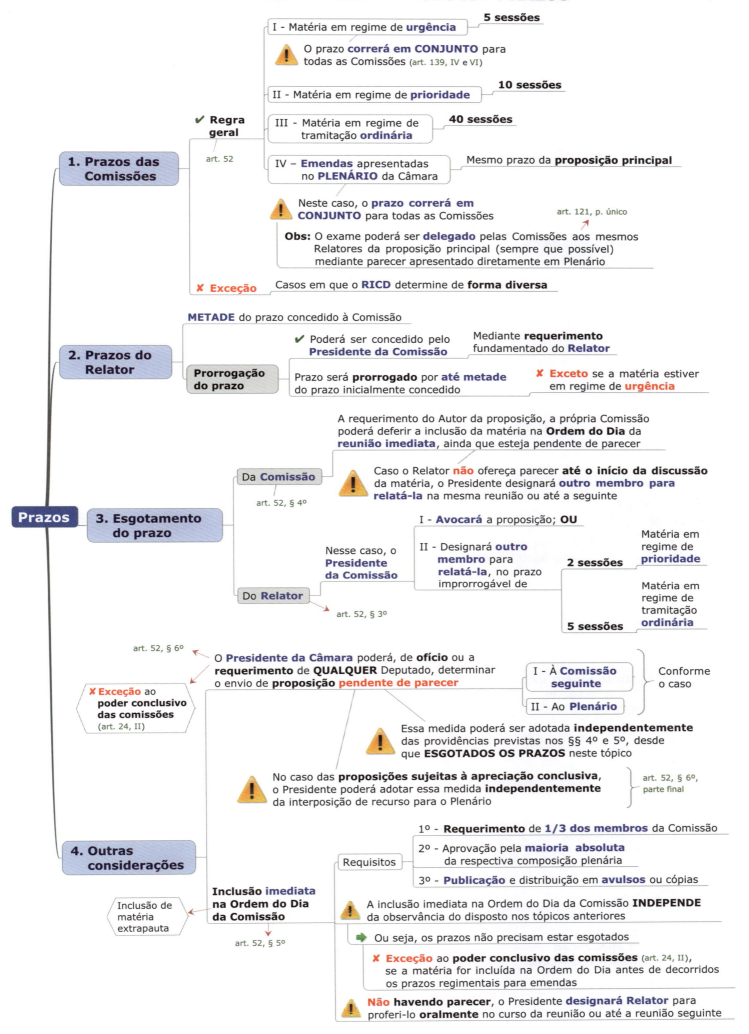

TRABALHOS DAS COMISSÕES - APRECIAÇÃO DAS MATÉRIAS I

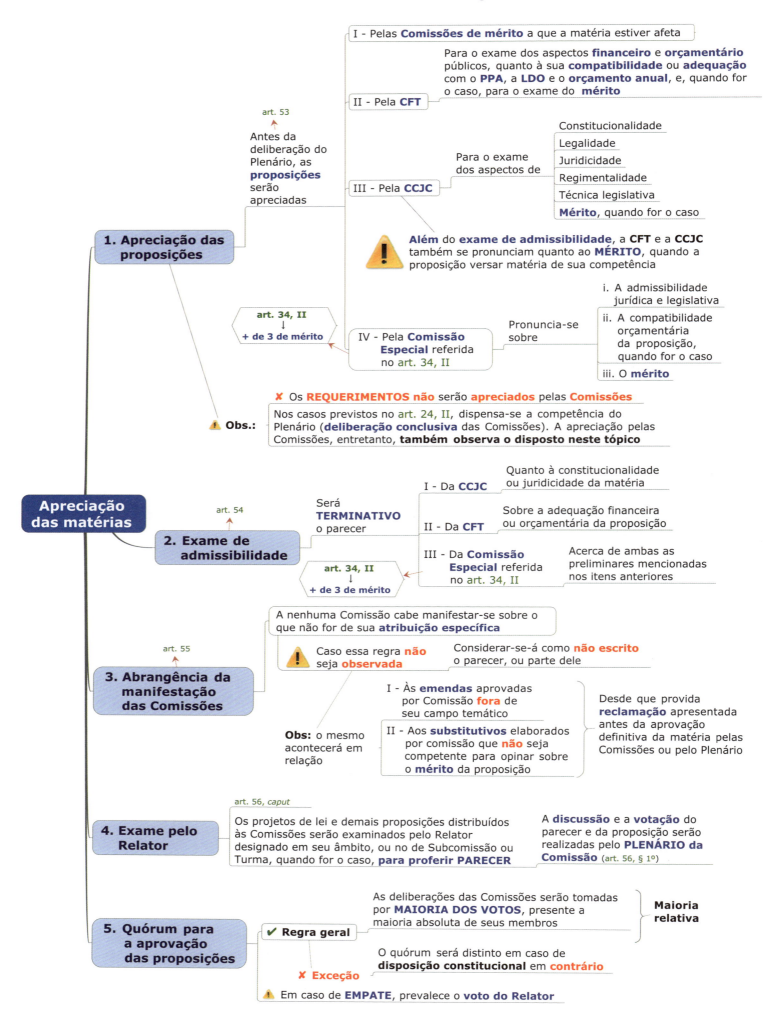

TRABALHOS DAS COMISSÕES - APRECIAÇÃO DAS MATÉRIAS II

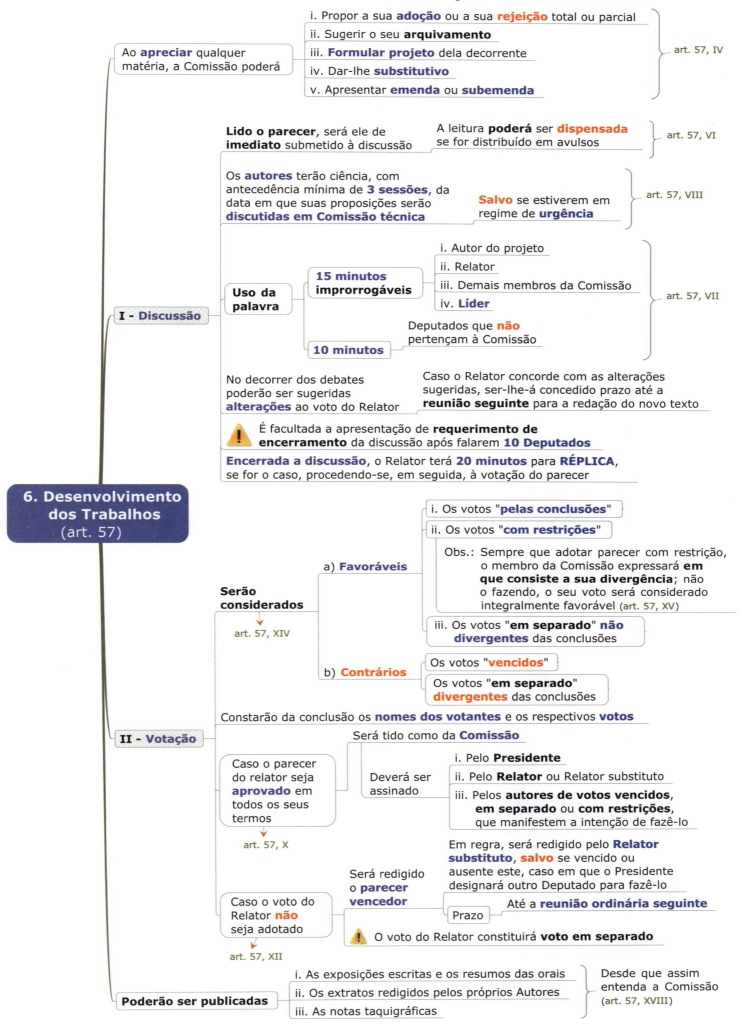

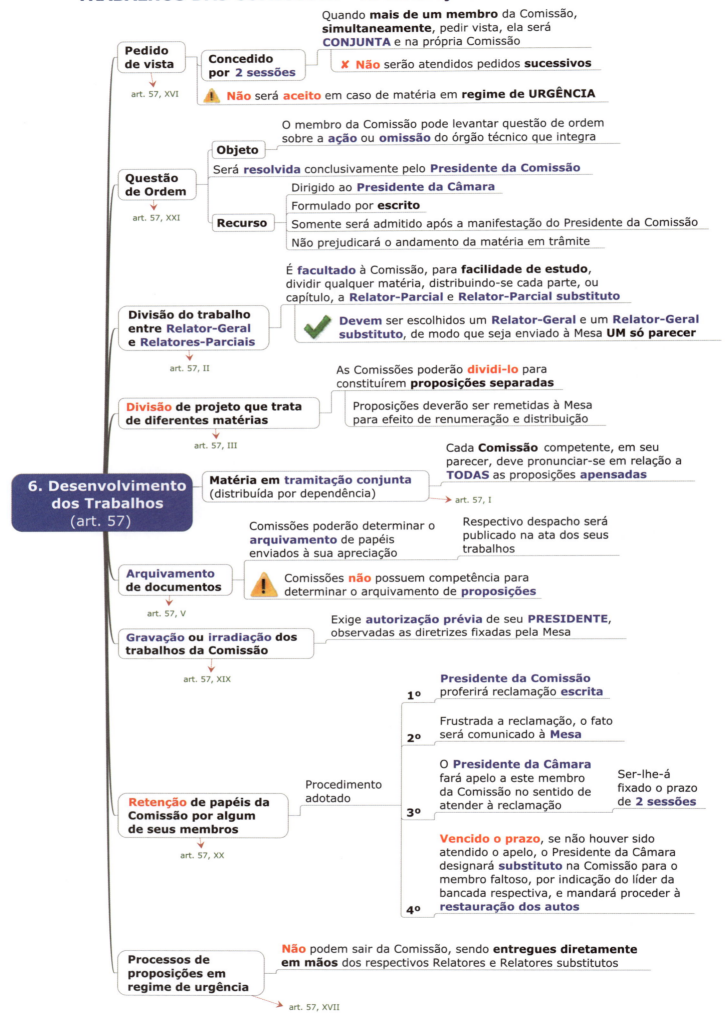

TRABALHOS DAS COMISSÕES - APRECIAÇÃO DAS MATÉRIAS IV

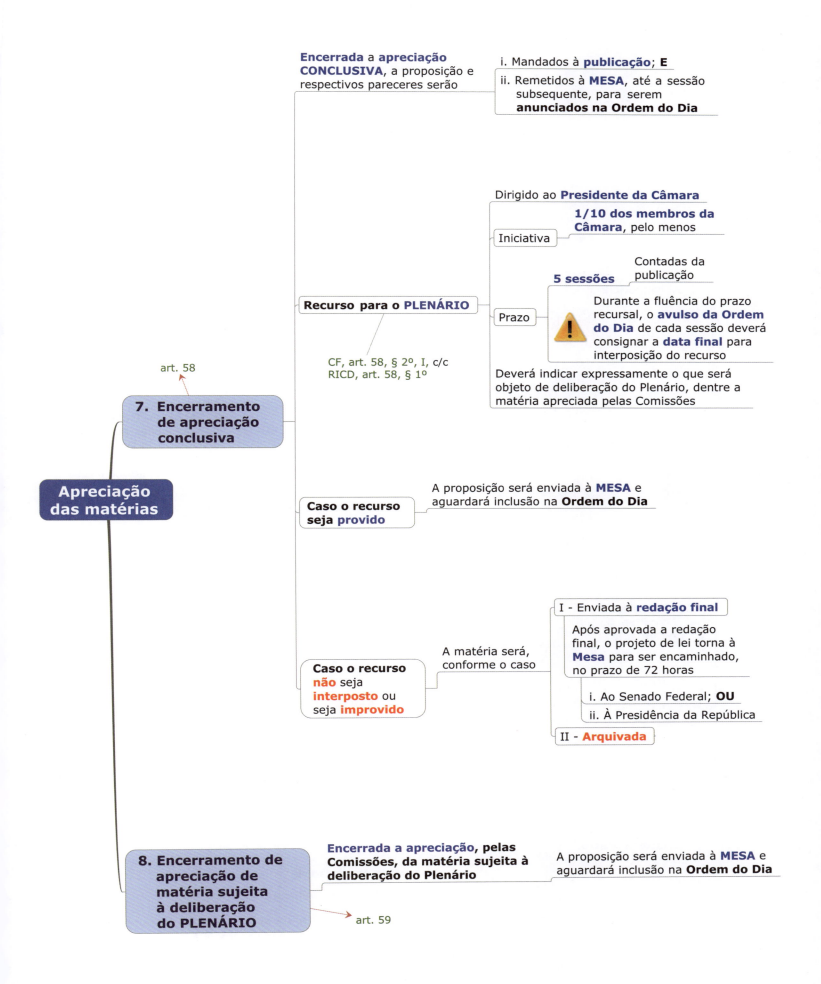

DAS COMISSÕES - FISCALIZAÇÃO E CONTROLE I

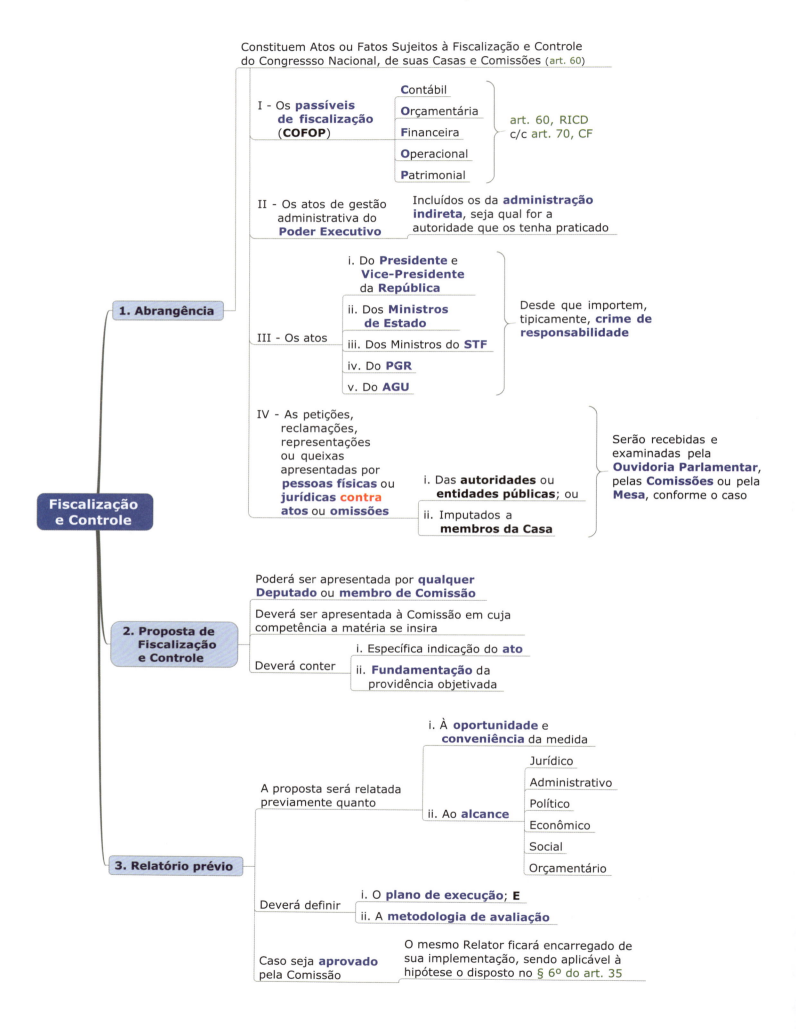

DAS COMISSÕES - FISCALIZAÇÃO E CONTROLE II

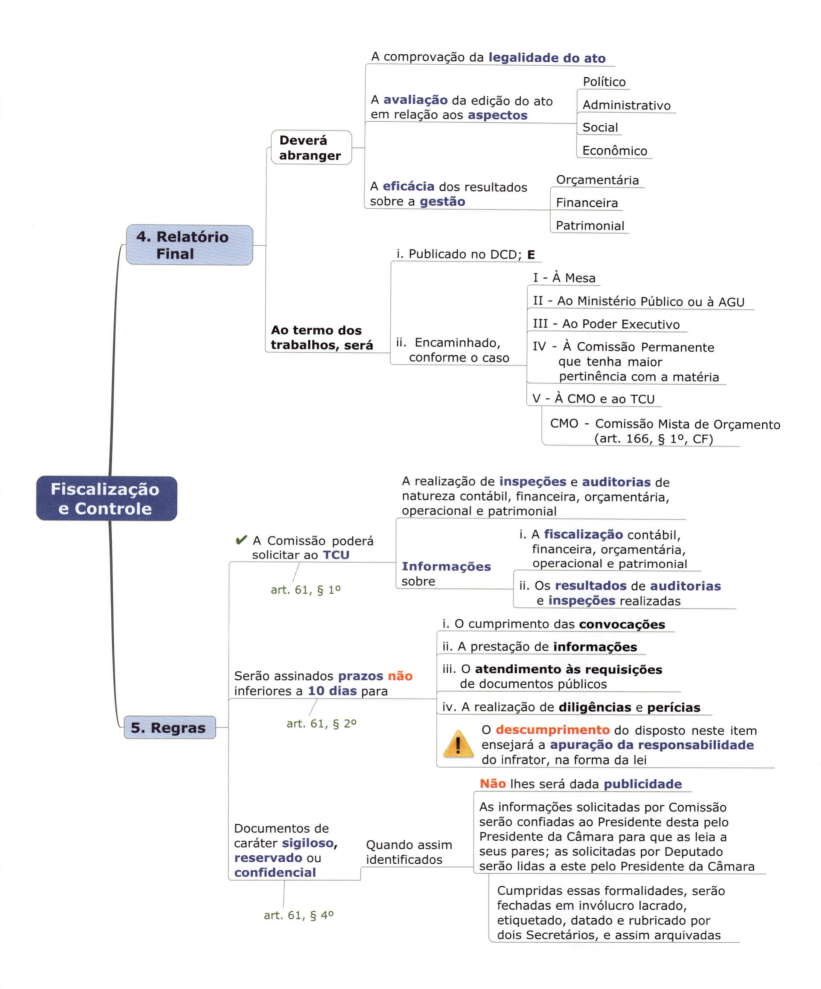

DAS COMISSÕES - SECRETARIAS, ATAS E ASSESSORAMENTO

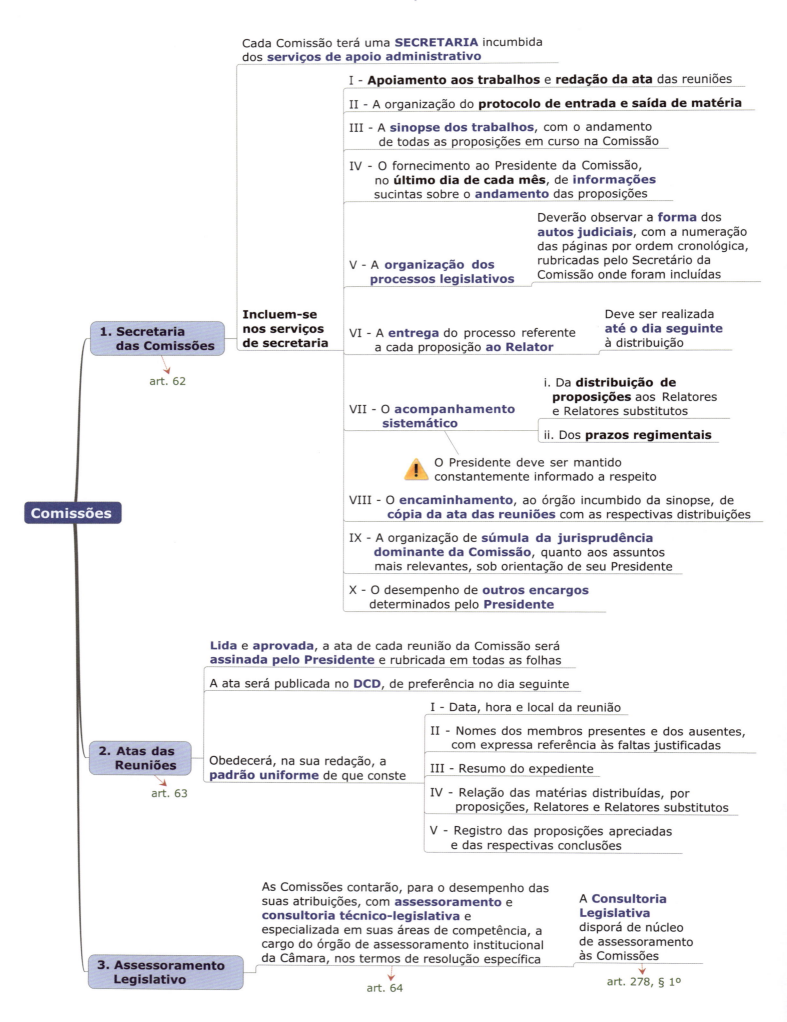

ÓRGÃOS DA CÂMARA – QUADRO COMPARATIVO

Órgão da Câmara		Nº de Membros	Designação	Mandato	Recondução	Proporcionalidade Partidária	Suplente de Deputado
Mesa		7 membros efetivos	Eleição em Sessão Preparatória	2 anos	Vedada, salvo em legislaturas diferentes	Sim	Não
Secretaria da Mulher	Procuradoria da mulher	4 { 1 Procuradora 3 Procuradoras Adjuntas	Eleitas pelas deputadas da Casa, na 1ª quinzena da 1ª e 3ª Sessões Legislativas	2 anos	Vedada, salvo em legislaturas diferentes	Não	Não
	Coordernação dos Direitos da Mulher	4 { 1 Coordenadora-geral 3 Coordenadoras Adjuntas	Eleitas pelas deputadas da Casa, na 1ª quinzena da 1ª e 3ª Sessões Legislativas	2 anos	Vedada, salvo em legislaturas diferentes	Não	Não
Procuradoria Parlamentar		11 membros	Presidente da CD, no início da Sessão Legislativa	2 anos	Pode	Sim	Não
Ouvidoria Parlamentar		3 { 1 Ouvidor-Geral 2 Ouvidores Substitutos	Presidente da CD, no início da Sessão Legislativa	2 anos	Vedada	Não	Não
Conselho de Ética e Decoro Parlamentar - CEDP		21 titulares e 21 suplentes	Presidente da CD, por indicação dos Líderes	2 anos	Pode	Sim	Não
Presidência do CEDP		1 Presidente e 2 Vice-Presidentes	Eleição no Conselho	2 anos	Vedada	Não se aplica	Não
Comissões Permanentes (membros)		Entre 3,5/100 (17) e 12/100 (61), desprezada a fração	Presidente da CD, por indicação dos Líderes	1 ano	Pode	Sim	**SIM**
Presidência das Comissões		1 Presidente e 3 Vice-Presidentes	Eleição na comissão	1 ano	Vedada	Não se aplica	Não
Corregedoria Parlamentar		4 { 1 Corregedor 3 Corregedores Substitutos	Presidente da CD	2 anos	Não se aplica	Não se aplica	Não
Colégio de Líderes		Não se aplica	Não se aplica	Não se aplica	Não se aplica	Não se aplica	Não se aplica

Capítulo 3

Das Sessões da Câmara

DAS SESSÕES DA CÂMARA - DISPOSIÇÕES GERAIS I

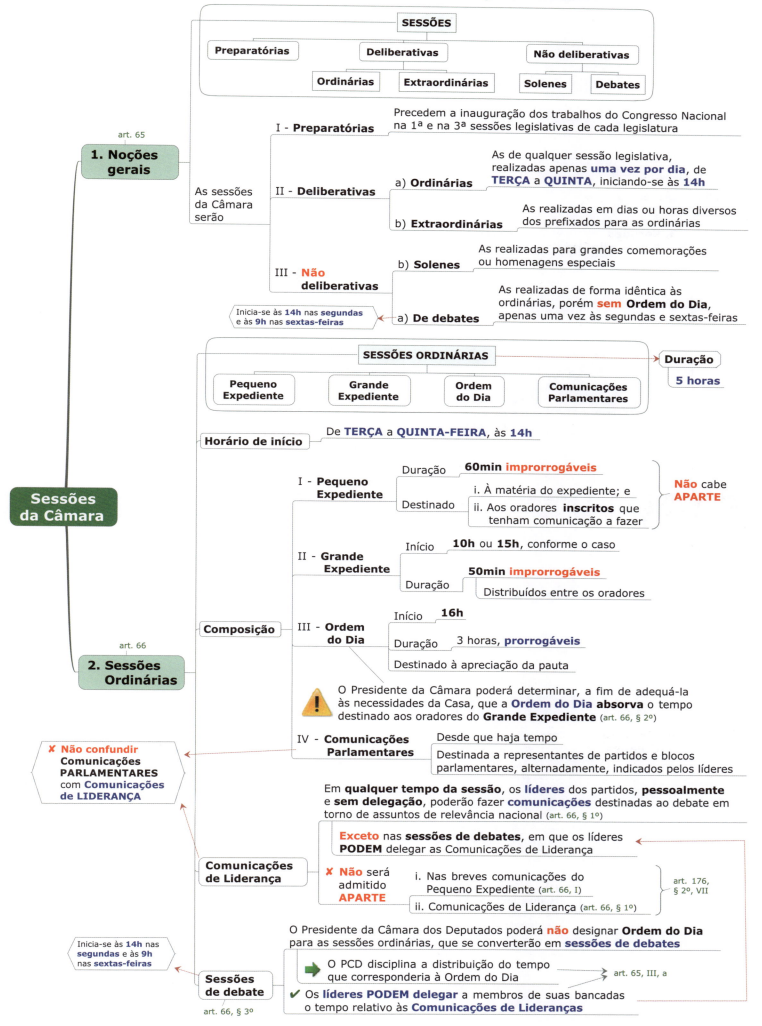

DAS SESSÕES DA CÂMARA - DISPOSIÇÕES GERAIS II

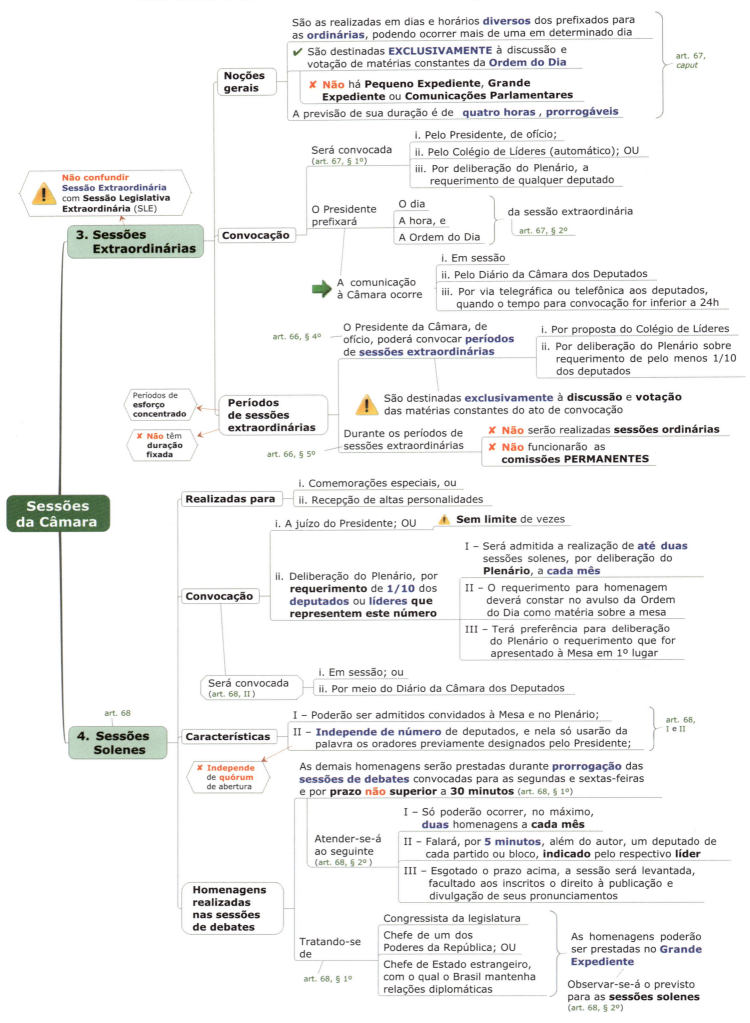

DAS SESSÕES DA CÂMARA - DISPOSIÇÕES GERAIS III

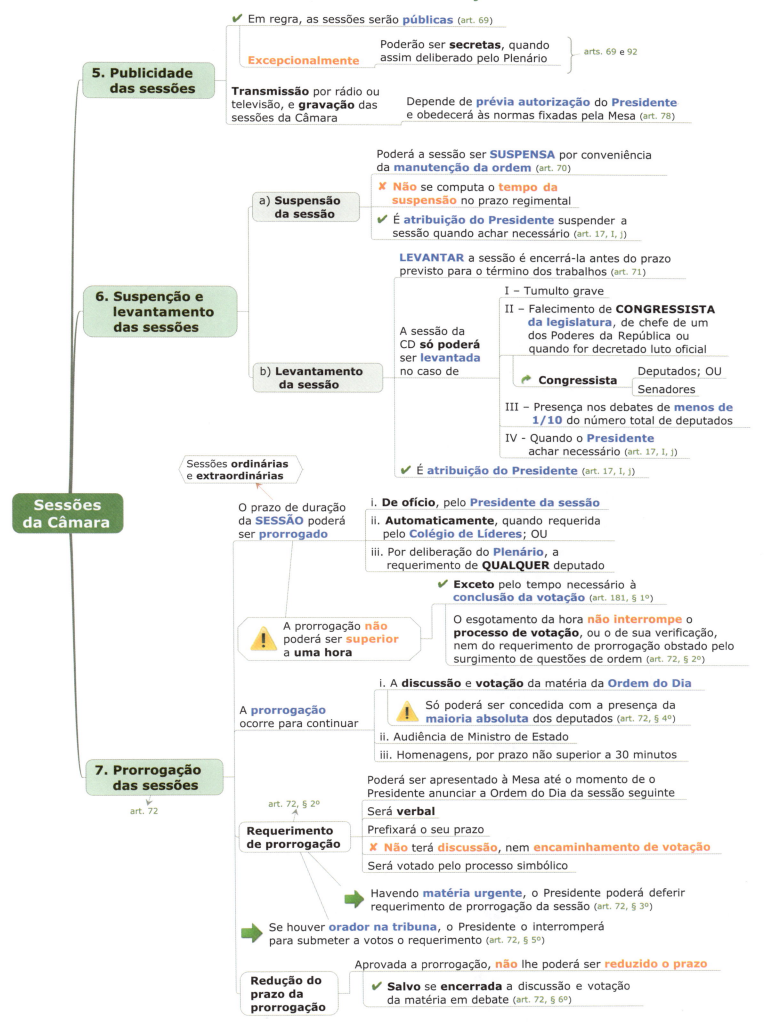

DAS SESSÕES DA CÂMARA - DISPOSIÇÕES GERAIS IV

Art. 73. Para a **MANUTENÇÃO DA ORDEM**, **respeito** e **austeridade** das sessões, serão observadas as seguintes regras:

I – Só **deputados** e **senadores** podem ter **assento** no Plenário

✔ **Ressalvado**
- **Convidados**, nas **sessões solenes** (art. 77, § 2º)
- Lugares na **tribuna de honra** para convidados, membros do Corpo Diplomático e jornalistas credenciados (art. 77, § 3º)

II – **Não** será permitida **conversação** que **perturbe** a leitura de documento, chamada para votação, comunicações da Mesa, discursos e debates

III – O **Presidente** falará **sentado**, e os demais **deputados**, **de pé**, a não ser que fisicamente impossibilitados

IV – O **orador** usará da **tribuna** à hora do **Grande Expediente**, nas **Comunicações de Lideranças** e nas **Comunicações Parlamentares**, ou durante as discussões, podendo, porém, falar dos **microfones de apartes** sempre que, no interesse da ordem, o Presidente a isto não se opuser

V – Ao falar da **bancada**, o **orador** em **nenhuma hipótese** poderá fazê-lo de **costas** para a **Mesa**

VI – A **nenhum** deputado será permitido **falar sem pedir a palavra** e **sem** que o **Presidente a conceda**, e somente após essa concessão a taquigrafia iniciará o apanhamento do discurso

✔ É atribuição do **Presidente conceder a palavra** aos Deputados (art. 17, I, "c")

8. Manutenção da Ordem

VII – Se o **deputado** pretender **falar** ou **permanecer** na tribuna **antirregimentalmente**, o **Presidente adverti-lo-á**; **se**, apesar dessa advertência, o **deputado insistir** em falar, o **Presidente** dará o seu **discurso** por **terminado**

VIII – Sempre que o Presidente der por findo o discurso, os taquígrafos deixarão de registrá-lo

IX – Se o deputado perturbar a ordem ou o andamento regimental da sessão, o **Presidente** poderá **censurá-lo oralmente** ou, conforme a gravidade, promover a aplicação das sanções previstas no RICD

X – O deputado, ao falar, dirigirá a palavra ao Presidente, ou aos deputados de modo geral

XI – **Referindo-se**, em discurso, **a colega**, o deputado deverá fazer preceder o seu nome do **tratamento** de **senhor** ou de **deputado**; **quando a ele se dirigir**, o **deputado** dar-lhe-á o **tratamento** de **excelência**

XII – **Nenhum** deputado poderá referir-se de forma **descortês** ou **injuriosa** a membros do **Poder Legislativo** ou às **autoridades** constituídas deste e dos **demais poderes** da República, às **instituições nacionais**, ou a **chefe de Estado estrangeiro** com o qual o Brasil mantenha relações diplomáticas

XIII – **Não** se poderá **interromper** o **orador**

✔ **SALVO**
- Concessão especial do orador para
  - Levantar **questão de ordem**
  - Para **aparteá-lo**, ou
- No caso de **comunicação relevante** que o **Presidente** tiver de fazer

XIV – A qualquer pessoa é **vedado fumar** no recinto do **Plenário**

DAS SESSÕES DA CÂMARA - DISPOSIÇÕES GERAIS V

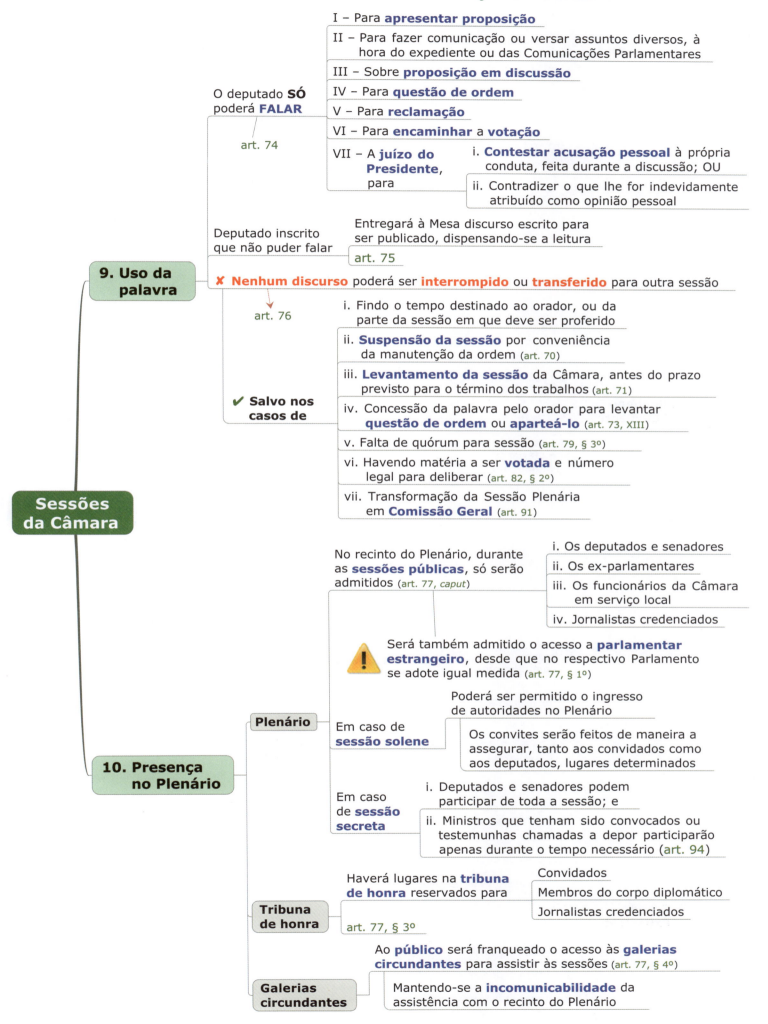

55

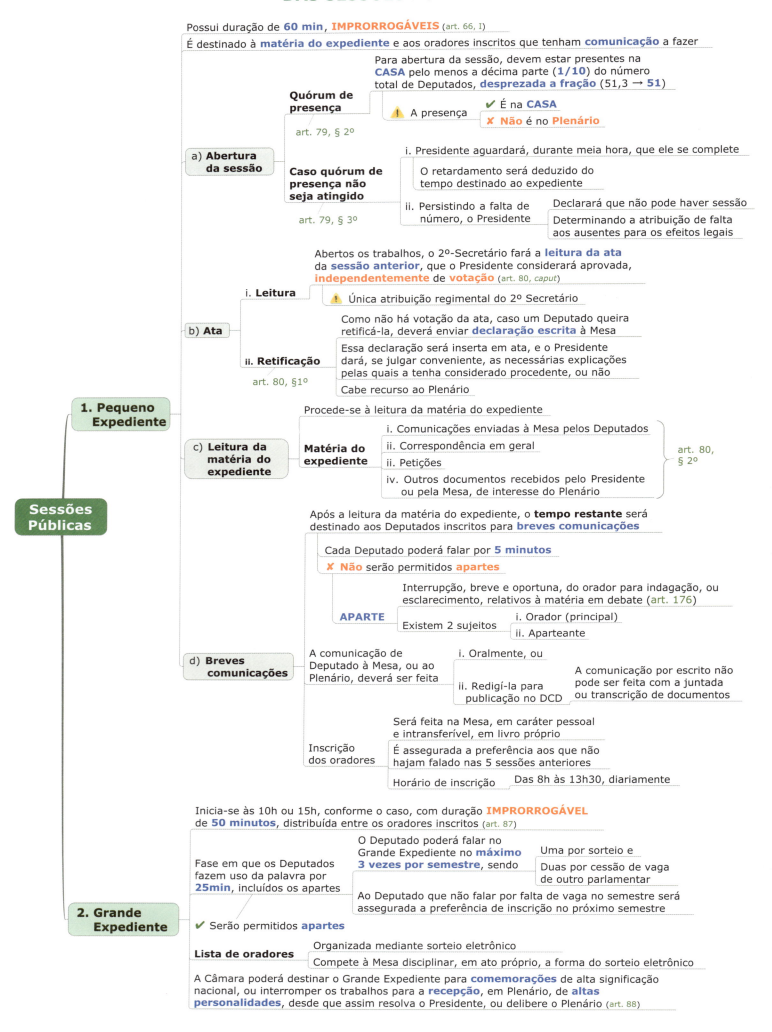

DAS SESSÕES DA CÂMARA - DAS SESSÕES PÚBLICAS - ORDEM DO DIA

É a fase da sessão ordinária em que são **apreciadas** (discutidas e votadas) as matérias incluídas na **pauta**

Inicia-se às **11h** ou **16h**, conforme do caso, com duração de **3h PRORROGÁVEIS** (art. 66, III)

⚠️ **Não** será designada **Ordem do Dia** para a **primeira sessão plenária** de cada **sessão legislativa** (art. 85, p. único)

Ordem do Dia

1. Noções gerais

⚠️ É a única fase da sessão que pode ser **prorrogada**
art. 84

Competência para prorrogação
- i. Presidente, de ofício
- ii. Colégio de Líderes
- iii. Plenário — A requerimento verbal de qualquer Deputado

Prazo para prorrogação

I - Não excedente a 30min
- i. Regra geral
- ii. **Homenagens** não realizadas em sessões solenes, as quais serão prestadas durante as prorrogações das Sessões Ordinárias convocadas para as **segundas** e **sextas-feiras** (art. 68, § 1º)

II - Não excedente a 60min, para
- i. Continuar a discussão e votação da matéria da Ordem do Dia
- ii. Audiência de Ministro de Estado

art. 72

art. 72, § 2º ← ⚠️ O esgotamento da hora **não interrompe**
- Processo de votação ou de sua verificação
- Requerimento de prorrogação obstado por questões de ordem

2. Procedimentos
art. 82

1º - Verifica-se previamente o número de Deputados **presentes** no **Plenário**, mediante sistema eletrônico

2º - O Presidente dará conhecimento da existência de projetos de lei
- **I** - Constantes da pauta e **aprovados conclusivamente** pelas **Comissões Permanentes** ou **Especiais**, para efeito de eventual apresentação do recurso de **1/10** dos membros da Casa para que a matéria seja submetida ao Plenário (art. 132, § 2º)
- **II** - Sujeitos à deliberação do Plenário, para o caso de oferecimento de emendas, na forma do art. 120

3º - **Votação** ou **discussão** das matérias

Votação
- **Havendo matéria** a ser votada e **número legal** para deliberar
- Interrompe-se o orador que estiver na tribuna

Discussão
- i. **Não havendo matéria** a ser votada;
- ii. Se **inexistir quórum** para votação; OU
- iii. Se **sobrevier** a **falta de quórum** durante a **Ordem do Dia**

3. Apreciação da pauta
art. 83

a) Quórum
- Para haver apreciação da pauta, deve estar presente no **PLENÁRIO** a **maioria absoluta** dos Deputados
- **Verificado** o **quórum**, o Presidente determinará a atribuição de **faltas** aos **ausentes**, para os efeitos legais
- A ausência às votações equipara-se, para todos os efeitos, à ausência às sessões, **RESSALVADA** a que se verificar a título de **OBSTRUÇÃO PARLAMENTAR LEGÍTIMA**, assim considerada a que for aprovada pelas bancadas ou suas Lideranças e comunicada à Mesa
- Terminada a Ordem do Dia, encerra-se o registro eletrônico de presença

b) Ordem de apreciação
- **I** - Redações finais
- **II** - Requerimentos de urgência
- **III** - Requerimentos de Comissão sujeitos a votação
- **IV** - Requerimentos de Deputados dependentes de votação imediata
- **V** - Matérias constantes da Ordem do Dia, de acordo com as regras de preferência estabelecidas nos arts. 159 e 160

⚠️ A ordem de apreciação poderá ser **alterada** ou **interrompida**
art. 83, p. único
- I - Para a posse de Deputados;
- II - Em caso de aprovação de requerimento de
  - a) Preferência
  - b) Adiamento
  - c) Retirada da Ordem do Dia
  - d) Inversão de pauta

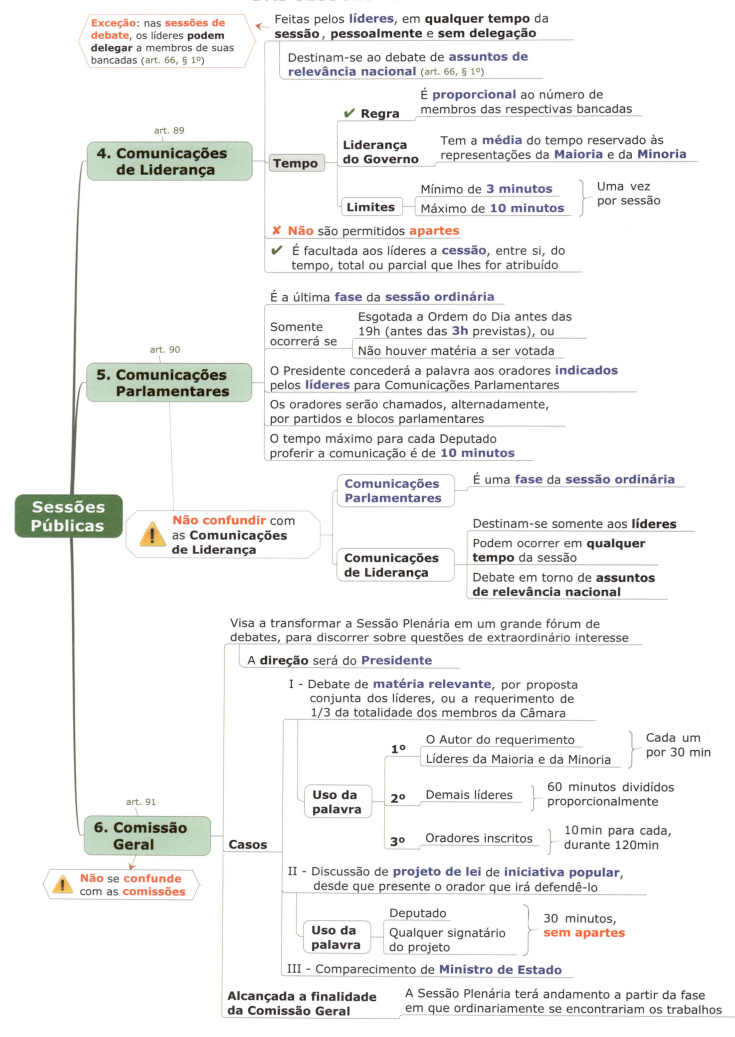

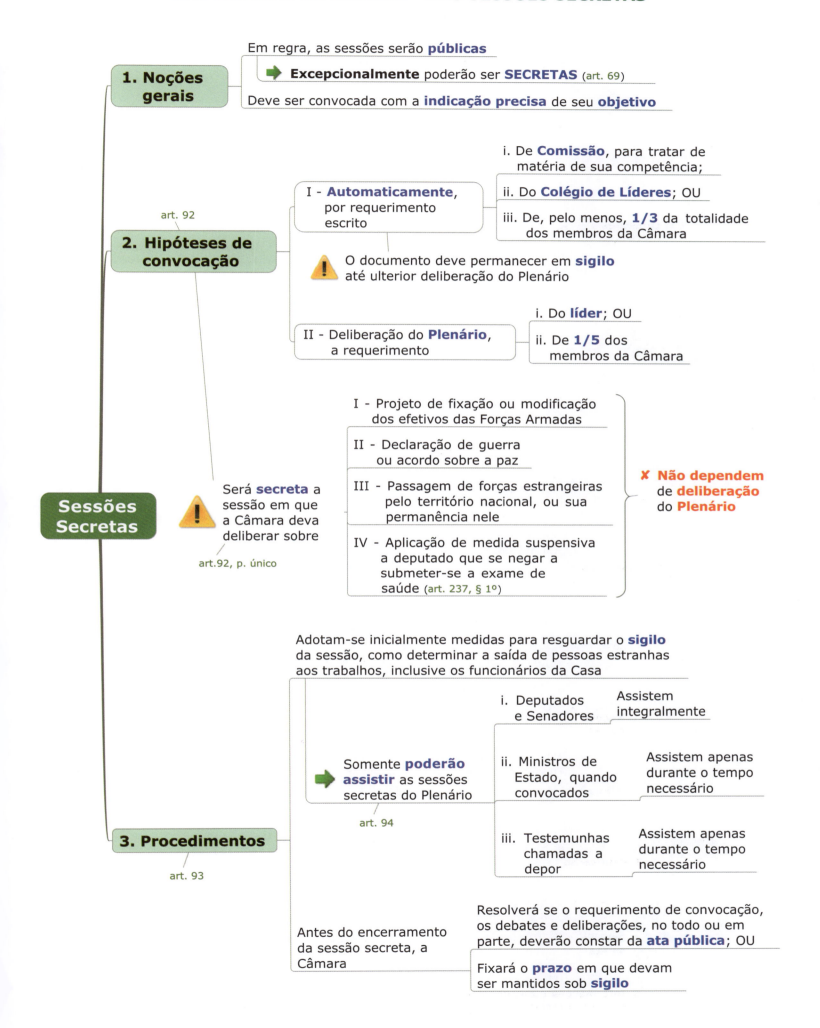

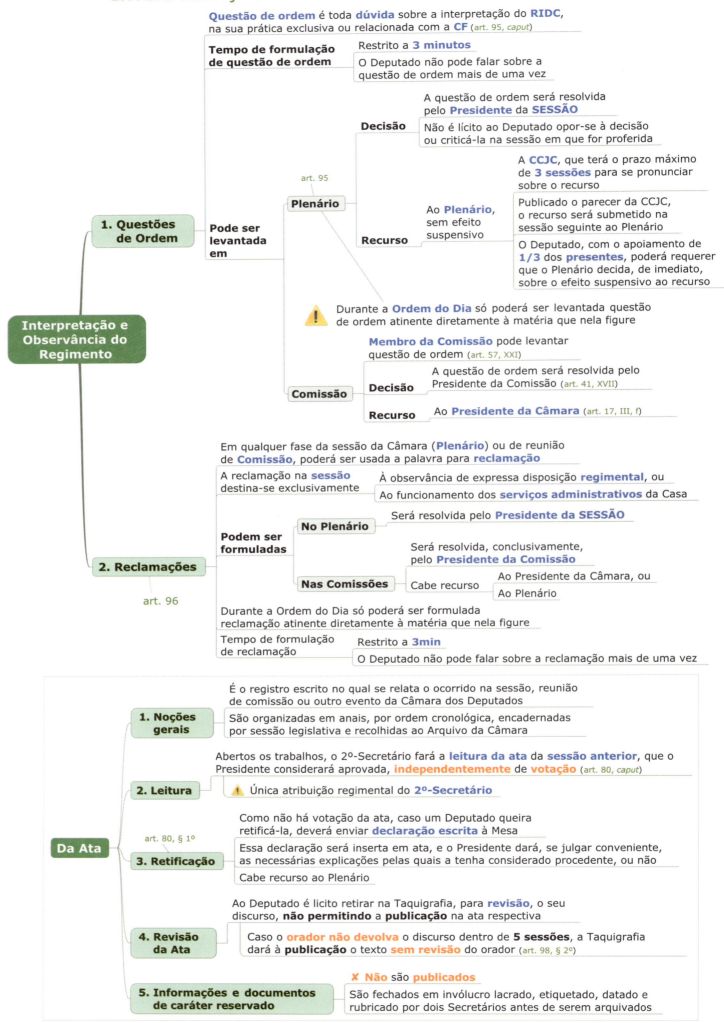

Capítulo 4

Das Proposições

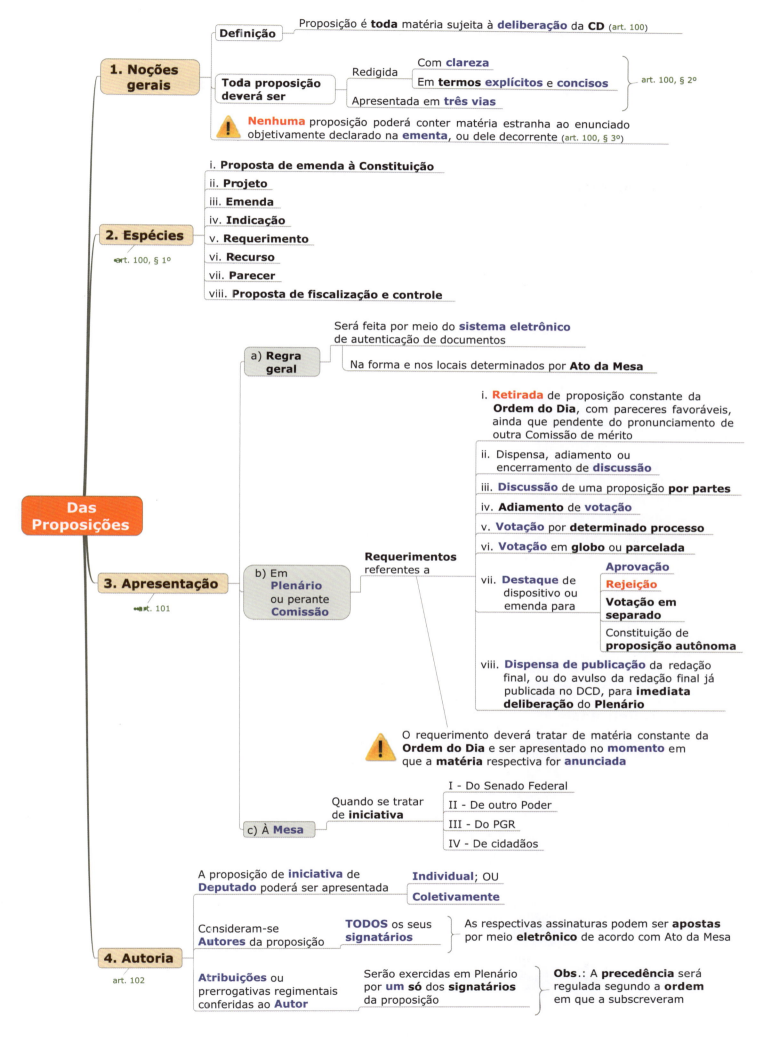

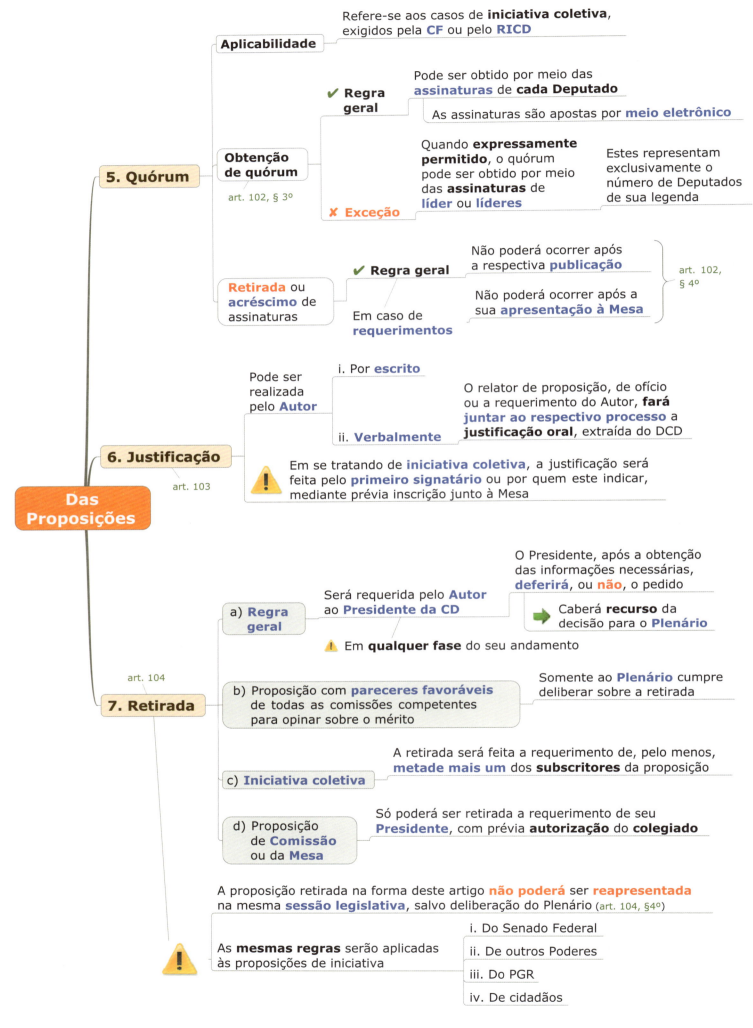

DAS PROPOSIÇÕES - DISPOSIÇÕES GERAIS III

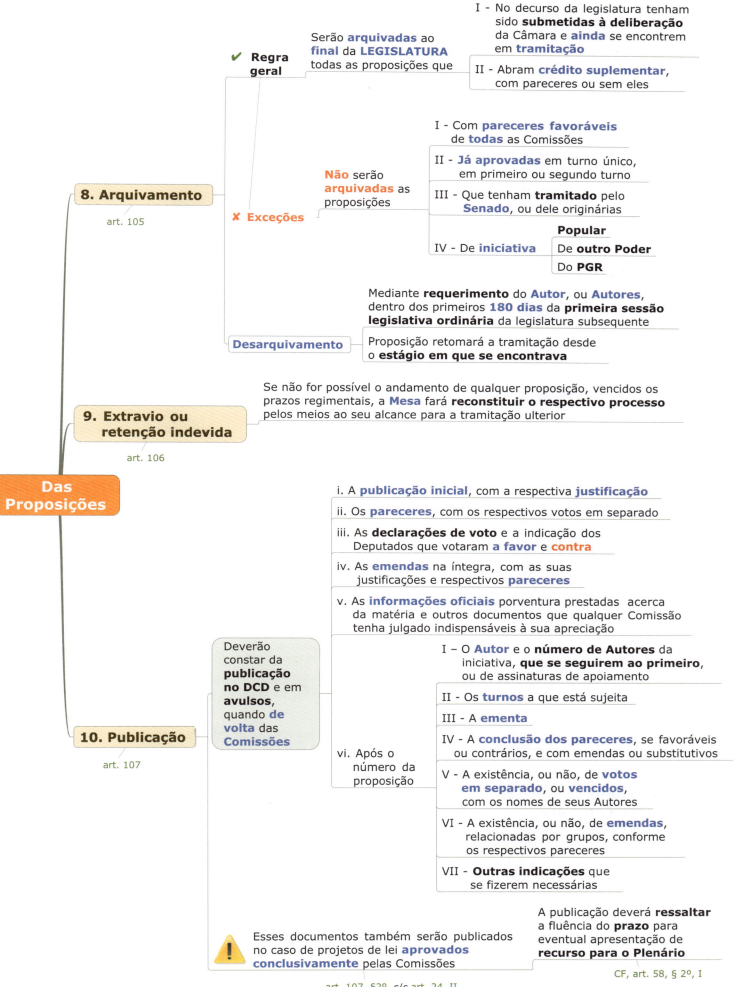

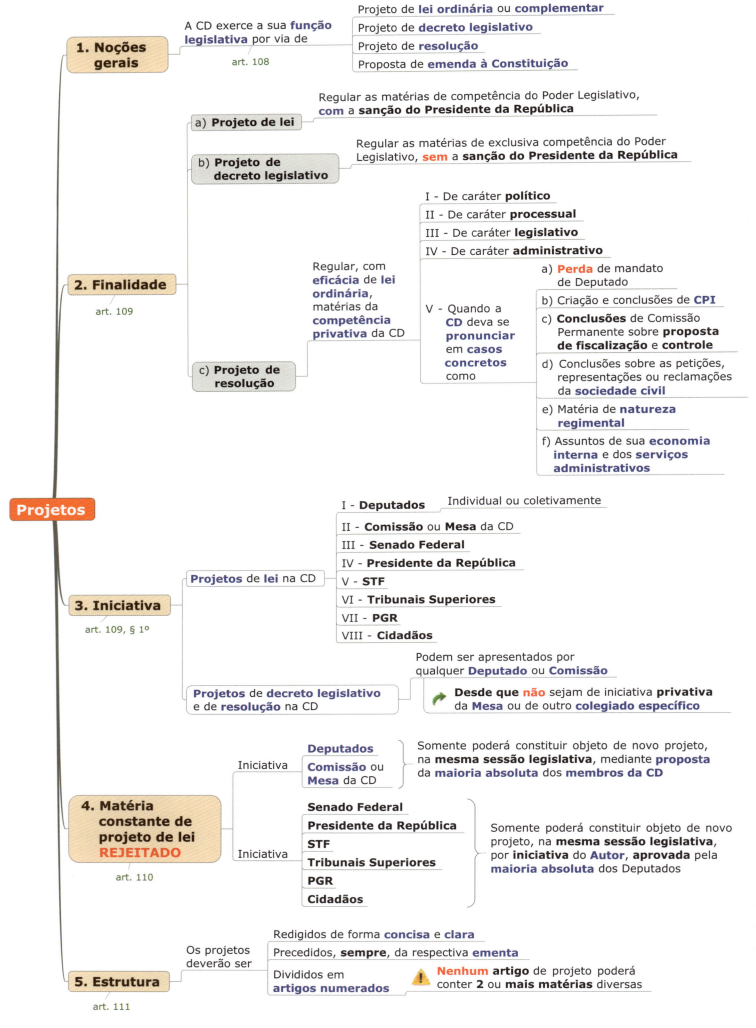

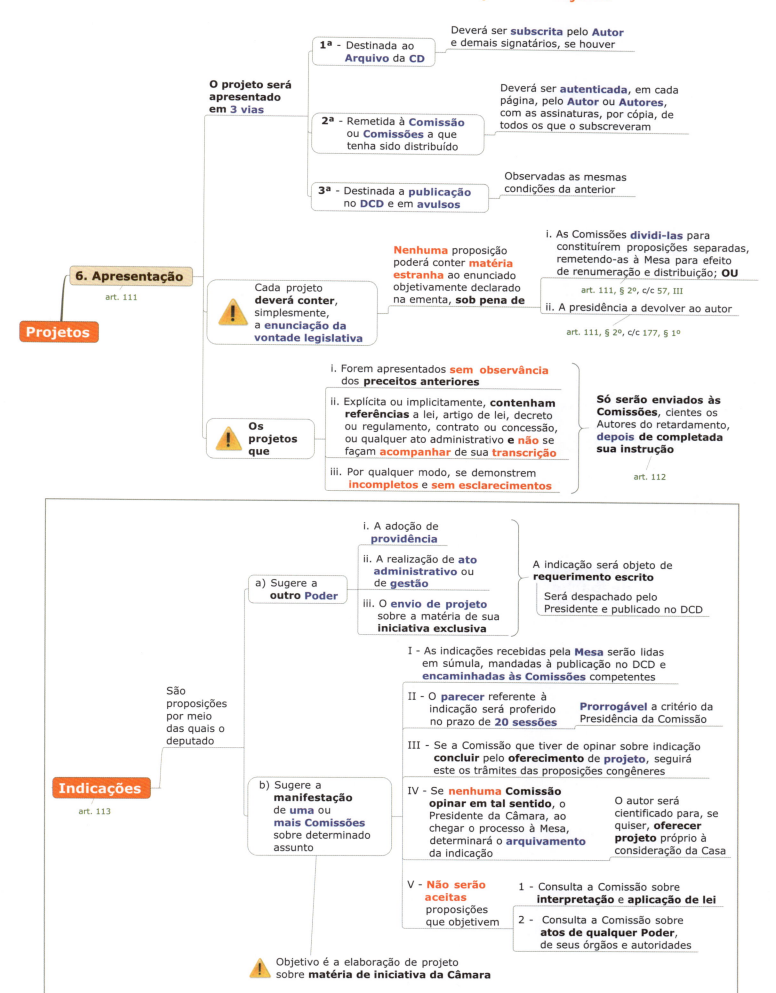

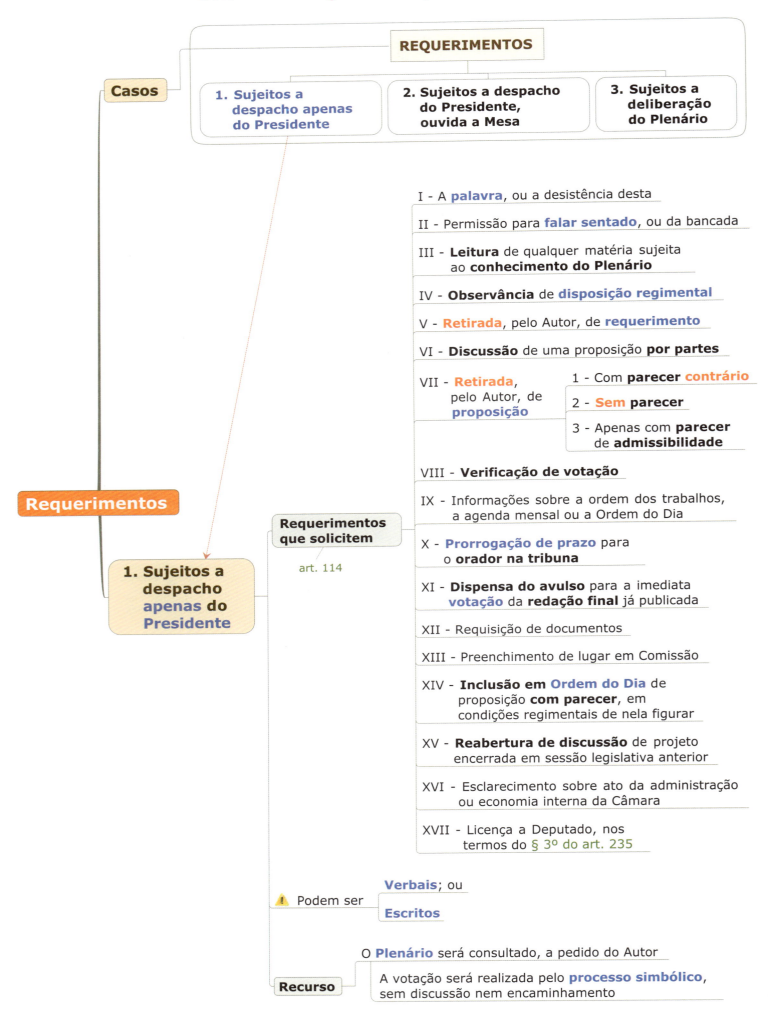

DAS PROPOSIÇÕES - REQUERIMENTOS II

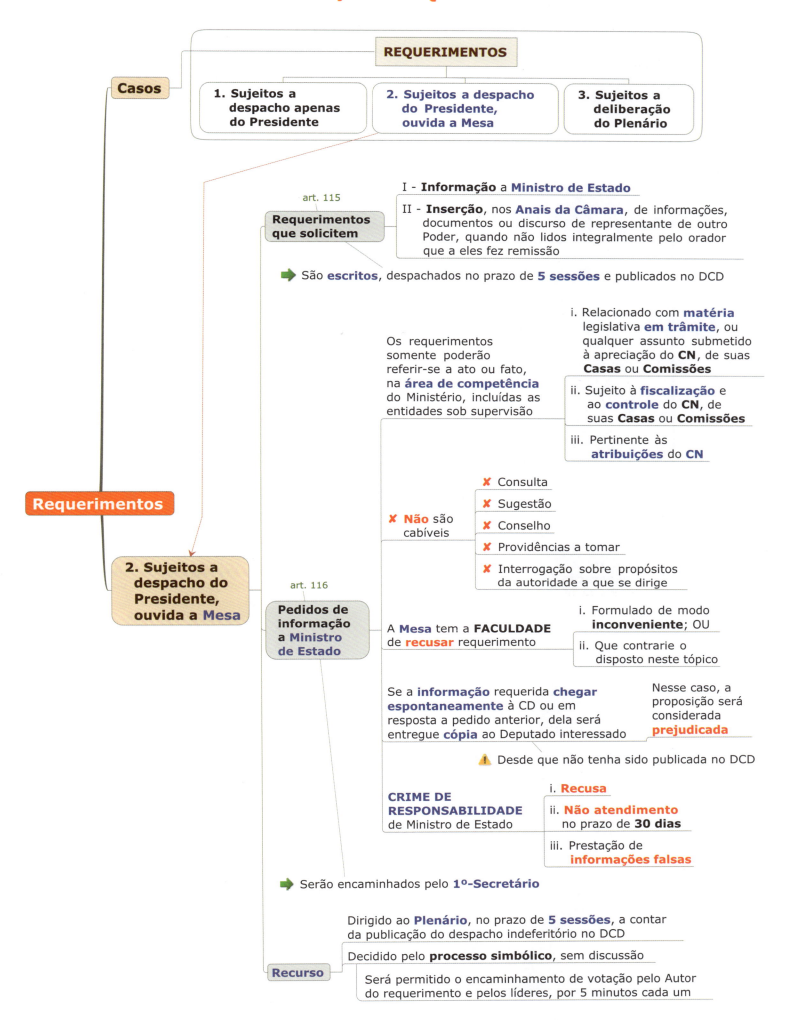

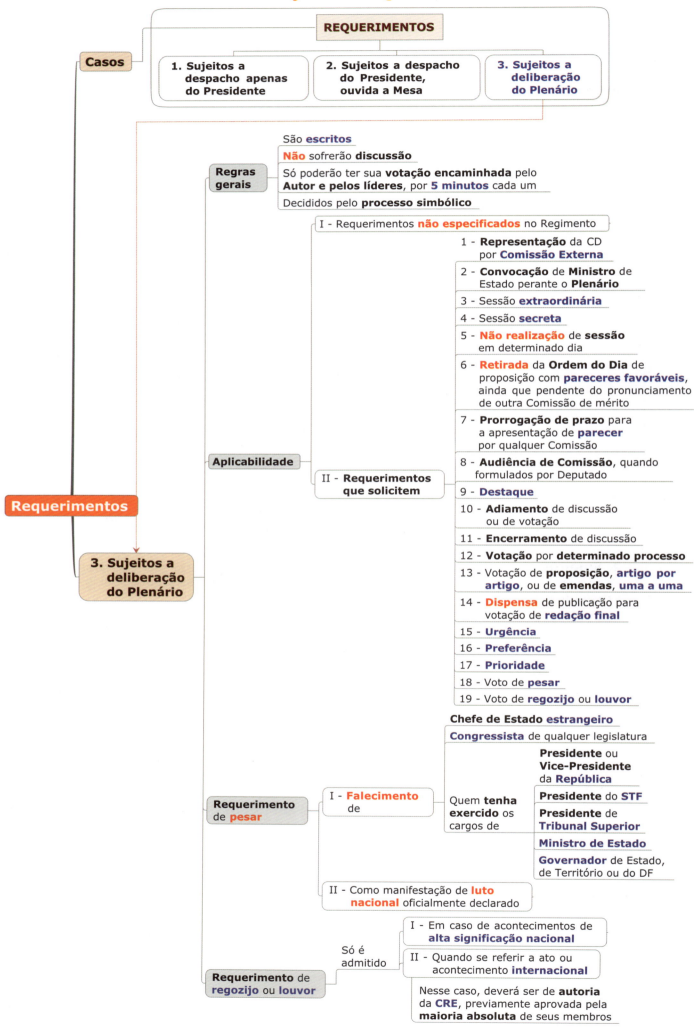

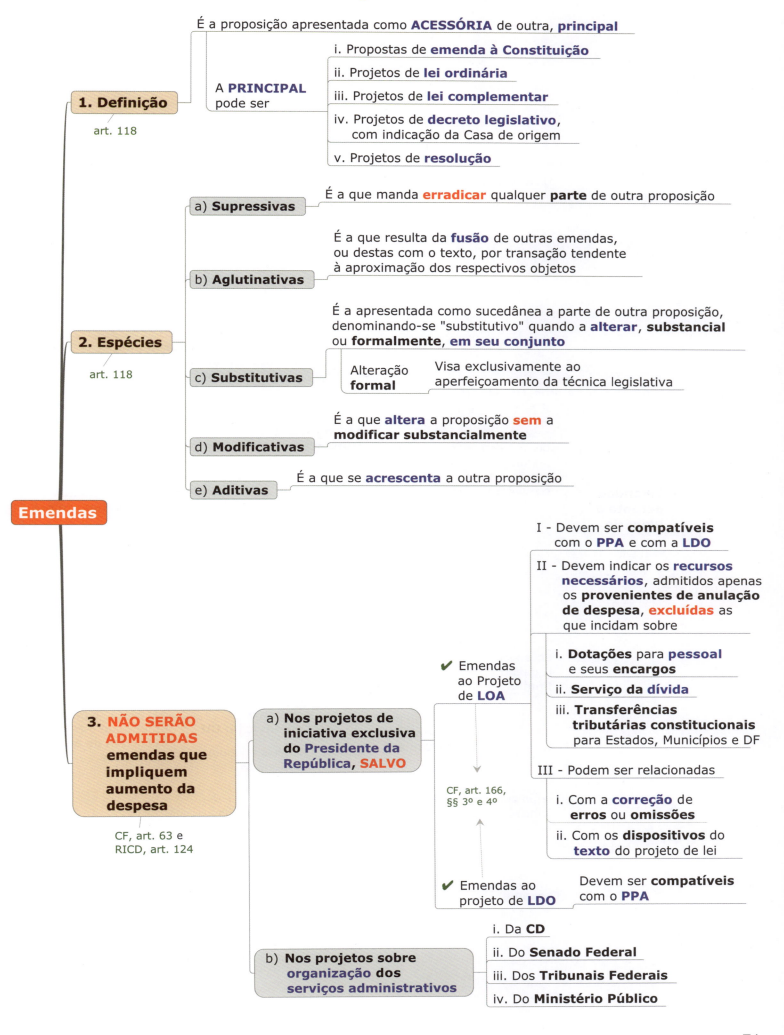

DAS PROPOSIÇÕES - EMENDAS II

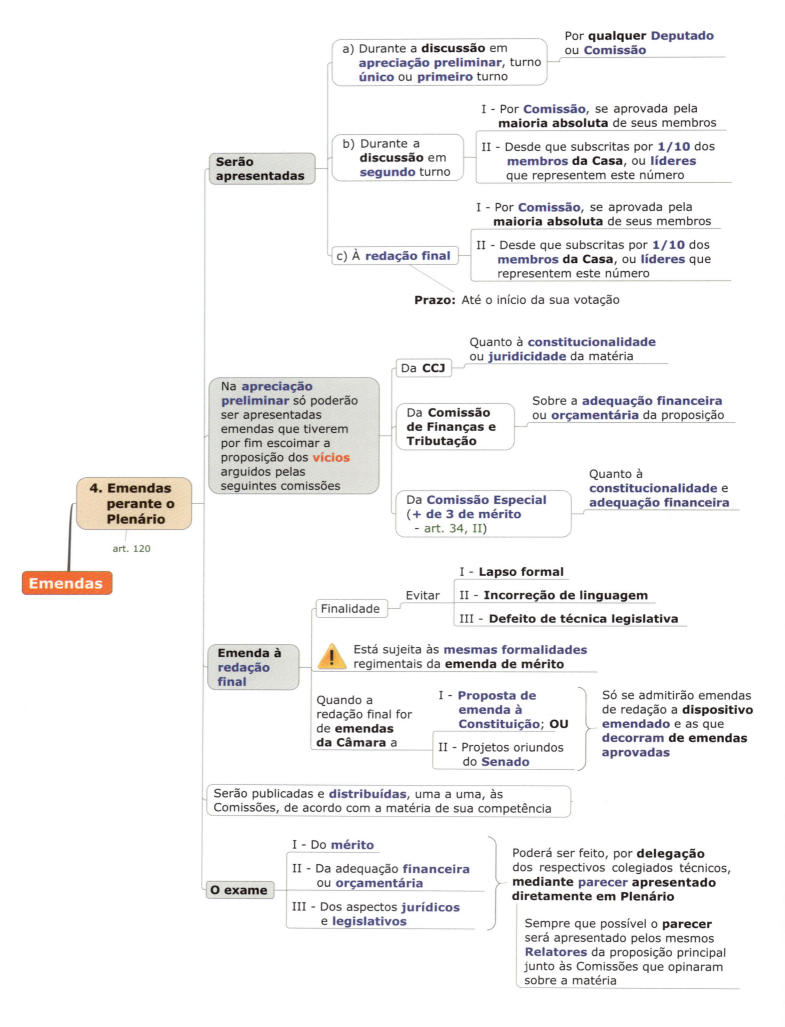

DAS PROPOSIÇÕES - EMENDAS III

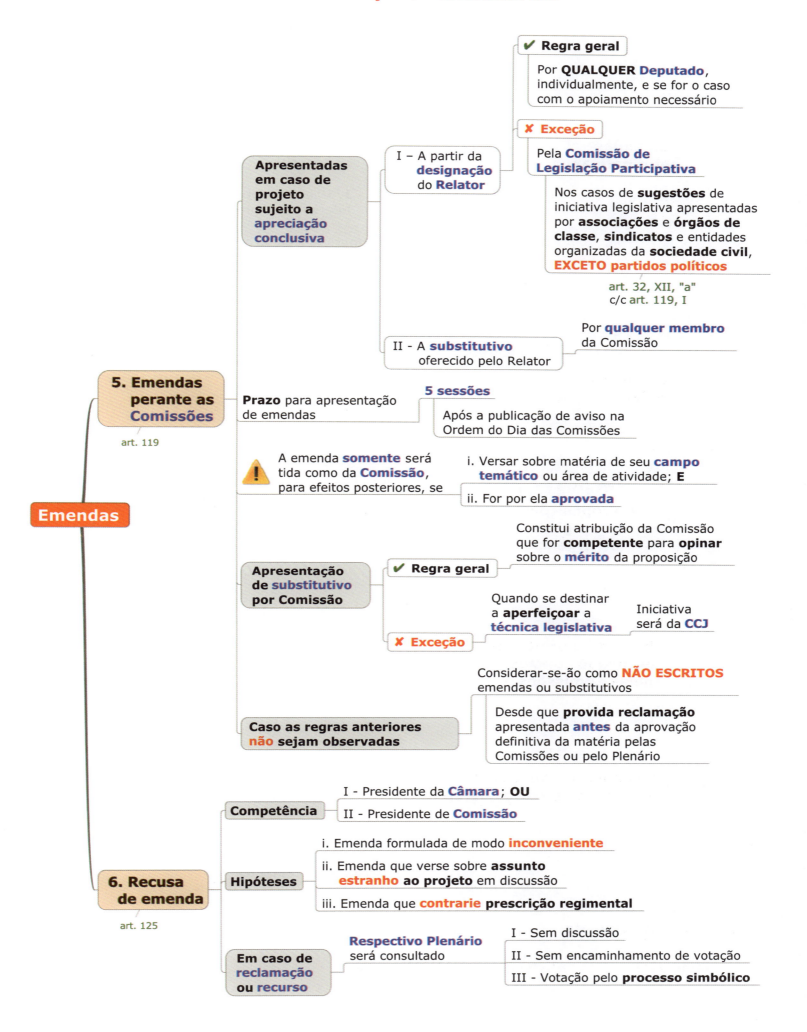

DAS PROPOSIÇÕES - EMENDAS IV

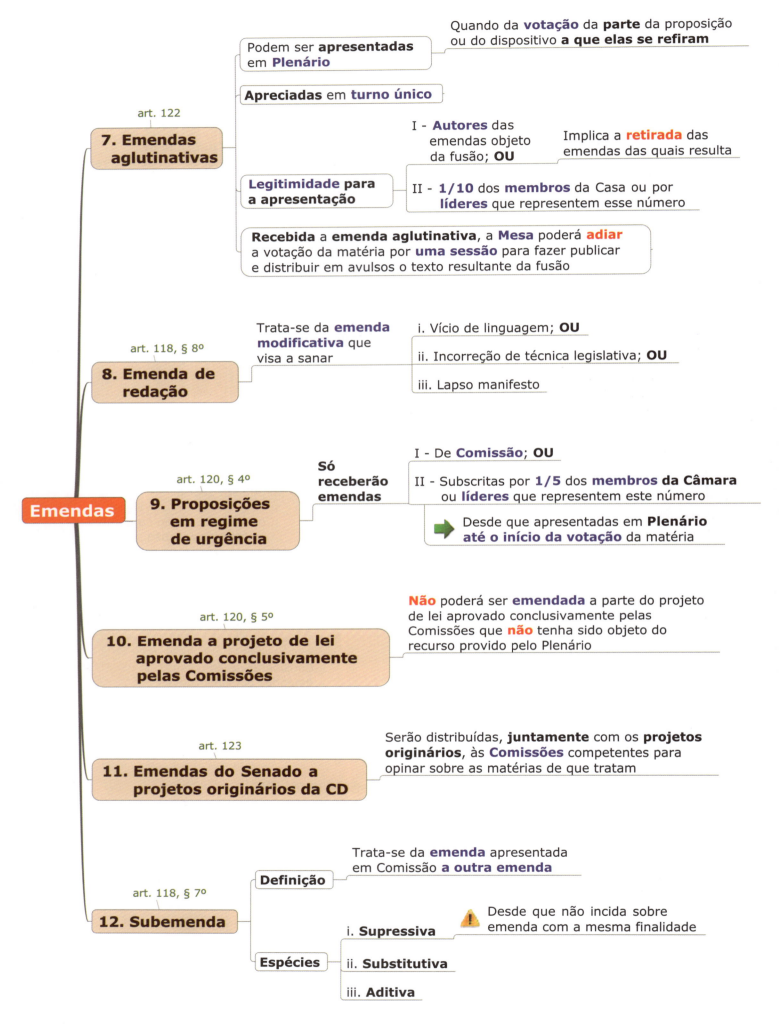

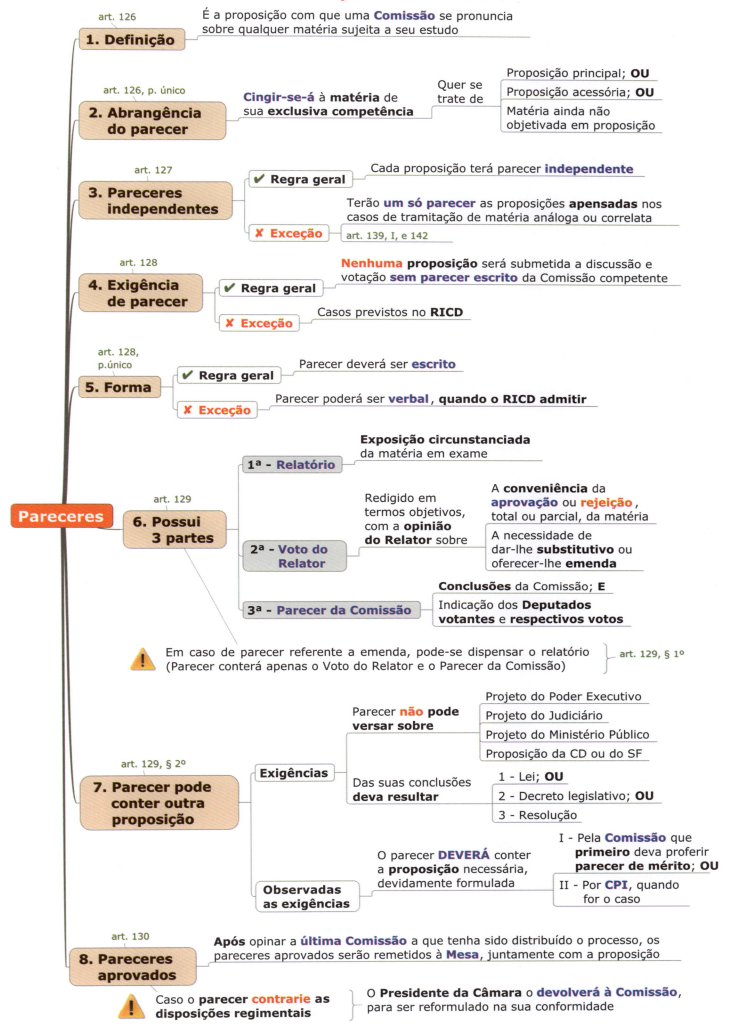

Capítulo 5

Da Apreciação das Proposições

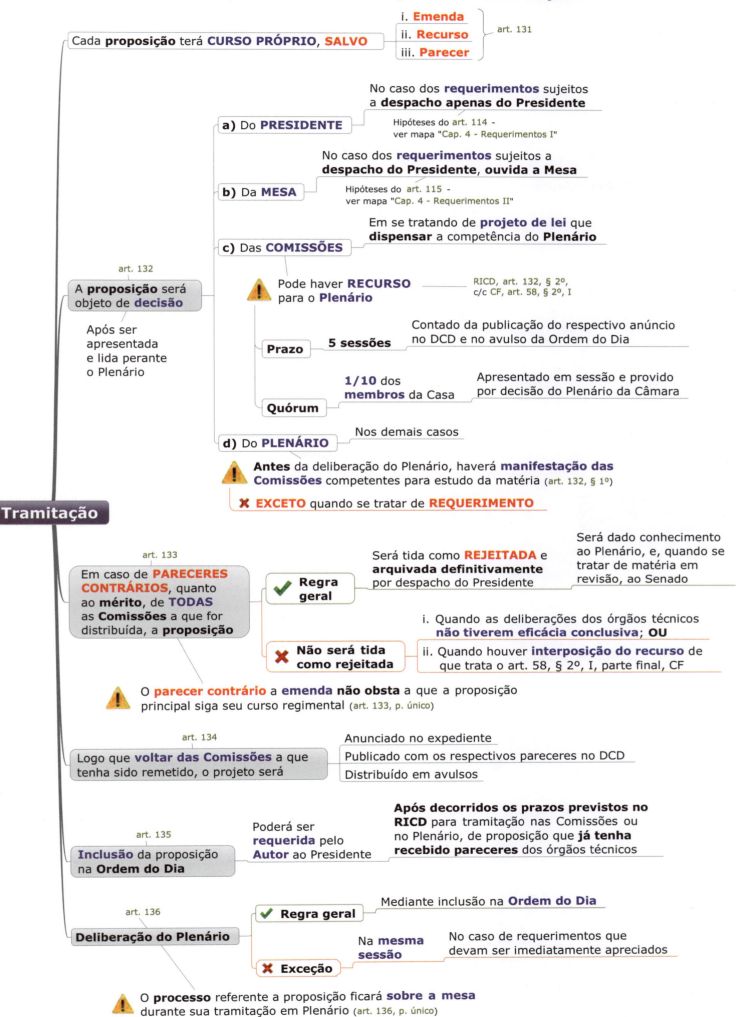

APRECIAÇÃO DAS PROPOSIÇÕES - RECEBIMENTO E NUMERAÇÃO

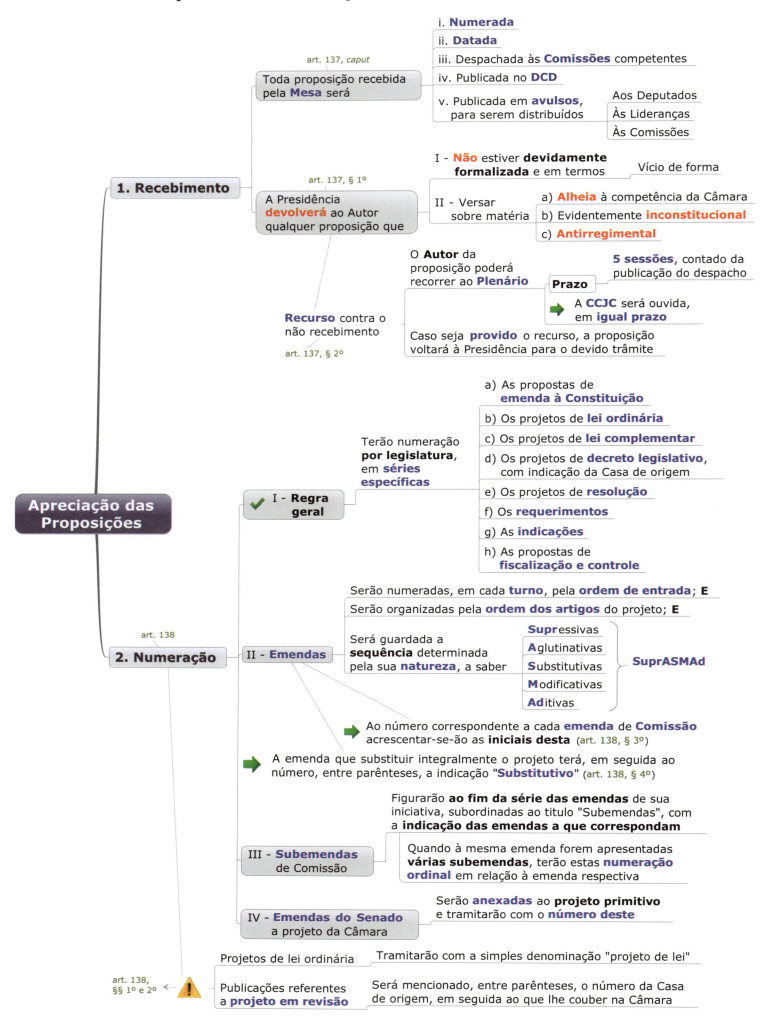

APRECIAÇÃO DAS PROPOSIÇÕES - DISTRIBUIÇÃO ÀS COMISSÕES I

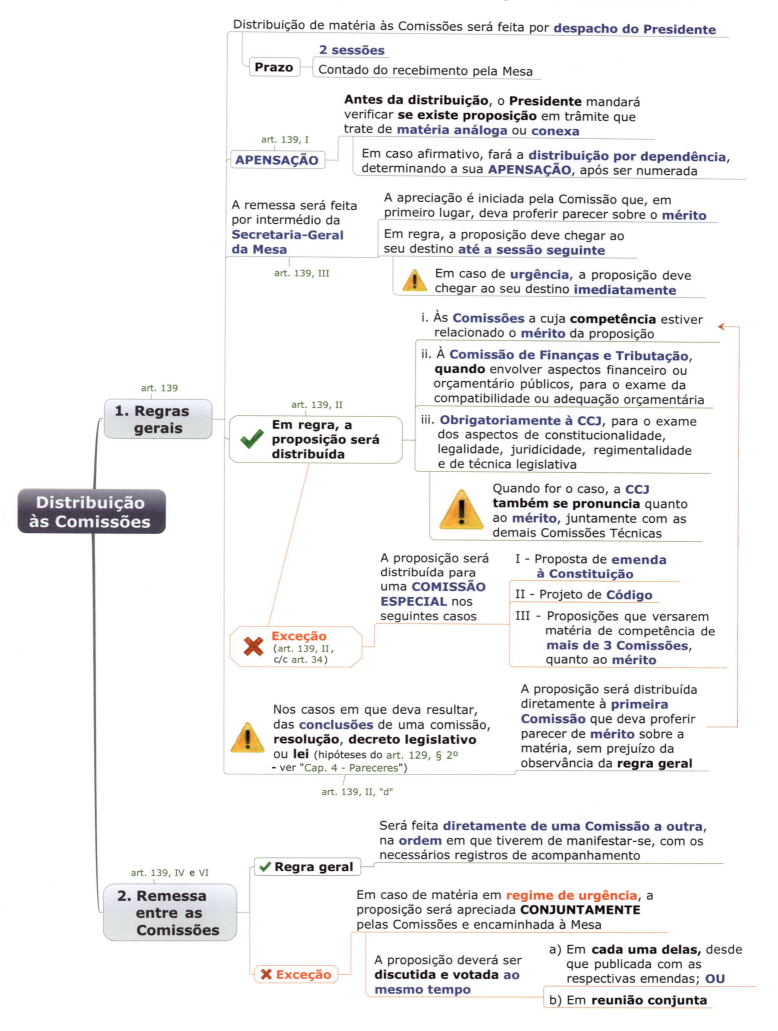

APRECIAÇÃO DAS PROPOSIÇÕES - DISTRIBUIÇÃO ÀS COMISSÕES II

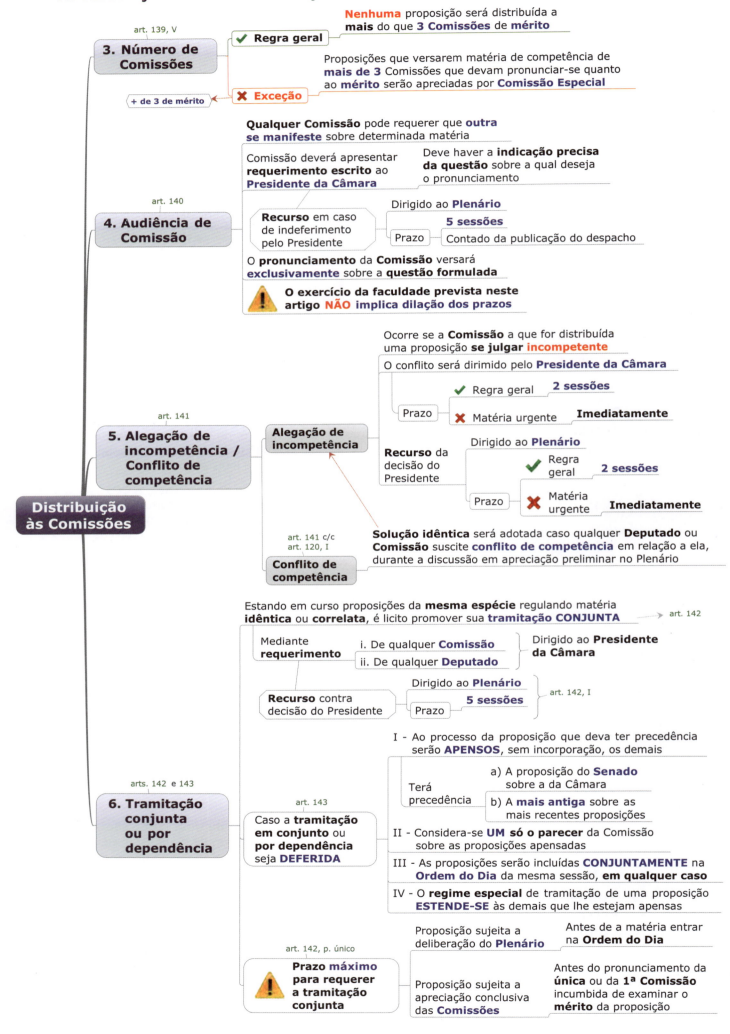

APRECIAÇÃO DAS PROPOSIÇÕES - APRECIAÇÃO PRELIMINAR

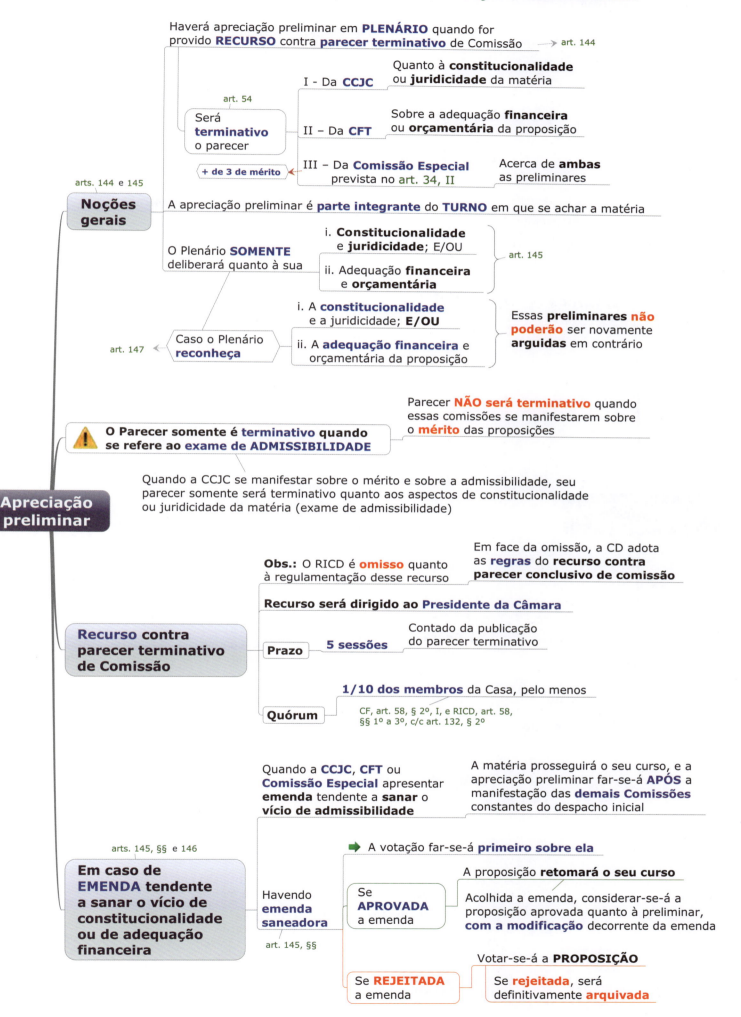

APRECIAÇÃO DAS PROPOSIÇÕES - TURNOS E INTERSTÍCIO

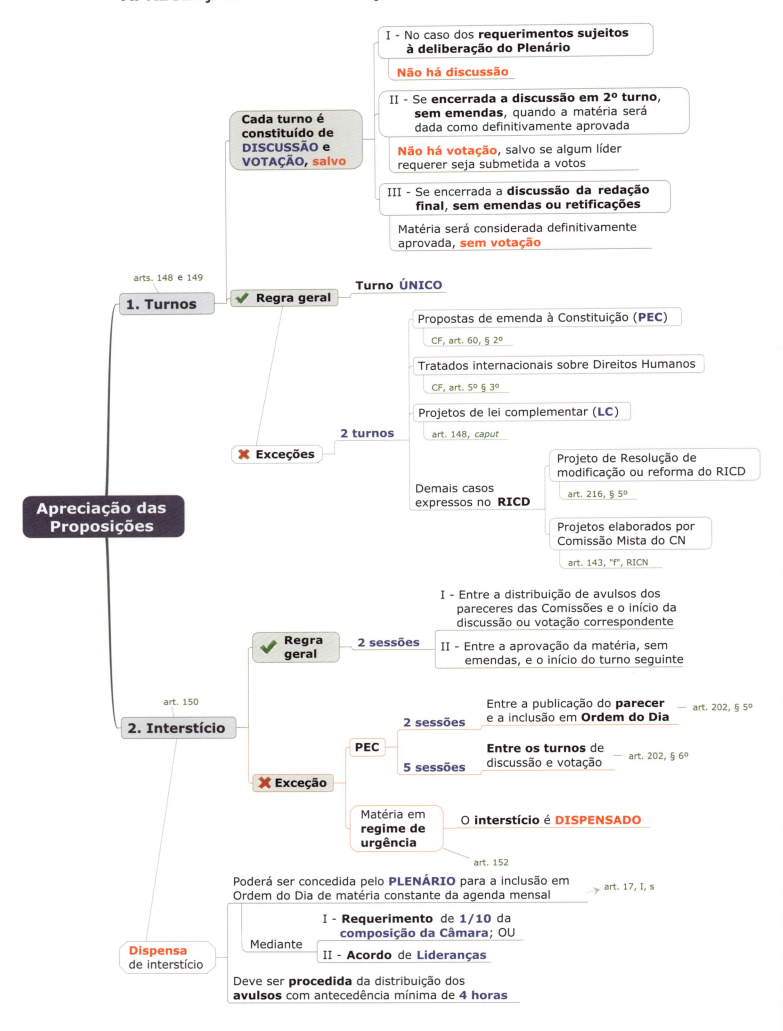

DA APRECIAÇÃO DAS PROPOSIÇÕES - REGIME DE TRAMITAÇÃO

Regime de Tramitação
art. 151

I - Tramitação URGENTE

Proposições

a) Sobre declaração de **guerra**, celebração de **paz**, ou remessa de **forças brasileiras para o exterior**

b) Sobre **suspensão das imunidades** de Deputados, na vigência do **estado de sitio** ou de sua prorrogação

c) Sobre **requisição de civis e militares** em tempo de guerra, ou quaisquer providências que interessem à **defesa e à segurança do País**

d) Sobre decretação de **impostos**, na iminência ou em caso de **guerra externa**

e) Sobre **medidas financeiras ou legais**, em caso de **guerra**

f) Sobre **transferência temporária** da **SEDE** do **Governo Federal**

g) Sobre permissão para que **forças estrangeiras** transitem pelo território nacional ou nele permaneçam temporariamente

h) Sobre **intervenção federal**, ou modificação das condições de intervenção em vigor

i) Sobre autorização ao **Presidente** ou ao **Vice-Presidente da República** para se **ausentarem do Pais**

j) Oriundas de **mensagens do Poder Executivo** que versem sobre acordos, tratados, convenções, pactos, convênios, protocolos e demais instrumentos de **política internacional**, a partir de sua aprovação pelo órgão técnico específico, através de projeto de decreto legislativo, ou que sejam por outra forma apreciadas conclusivamente

l) De **iniciativa do Presidente da República**, com **solicitação de urgência**

Nesse caso, as **emendas do Senado Federal também tramitarão em regime de urgência**

n) Referentes à competência legislativa da CD, em virtude de **decisão judicial** relativa a provimento de **MANDADO DE INJUNÇÃO** e **ADIN**, ambos pelo STF

o) Reconhecidas, por deliberação do Plenário, de caráter urgente, em virtude de **aprovação de requerimento de urgência** — art. 151, I, "o", c/c art. 153

II - Tramitação com PRIORIDADE

a) **Projetos de iniciativa**

- Do Poder Executivo
- Do Poder Judiciário
- Do Ministério Público
- Da Mesa
- De Comissão Permanente ou Especial
- Do Senado Federal
- Dos cidadãos

b) **Projetos**

1 - De leis complementares e ordinárias que se **destinem** a **regulamentar dispositivo constitucional**, e suas alterações

2 - De **lei** com **prazo determinado**

3 - De regulamentação de **ELEIÇÕES**, e suas alterações

4 - De alteração ou reforma do **RICD**

III - Tramitação ORDINÁRIA

Projetos **não compreendidos** nas hipóteses dos itens anteriores

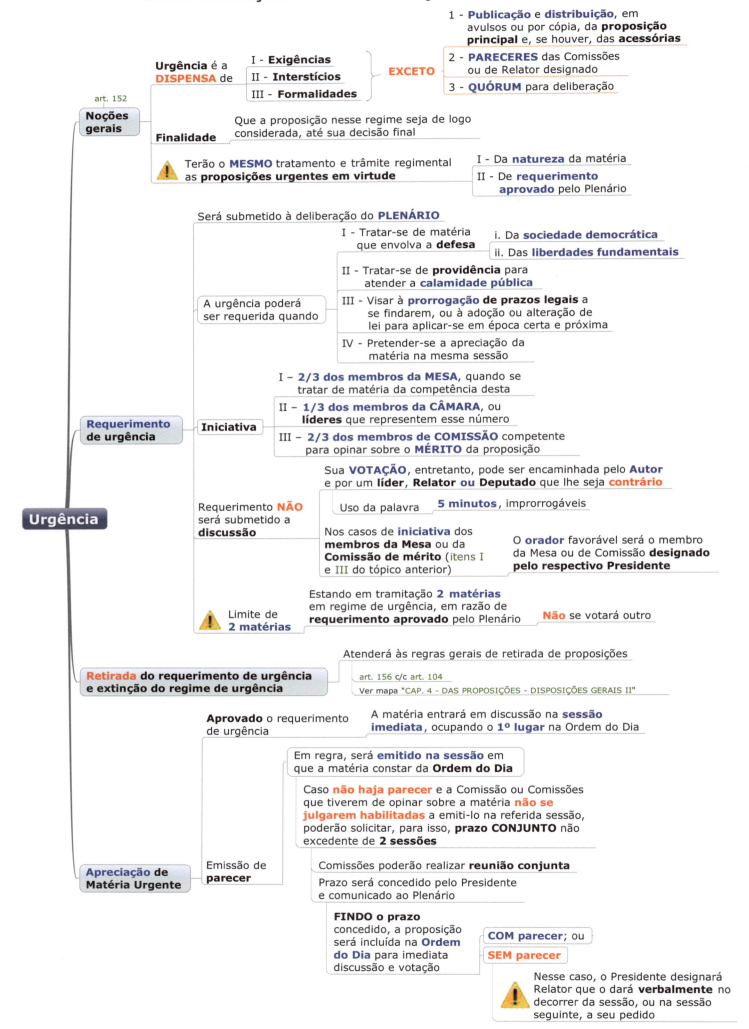

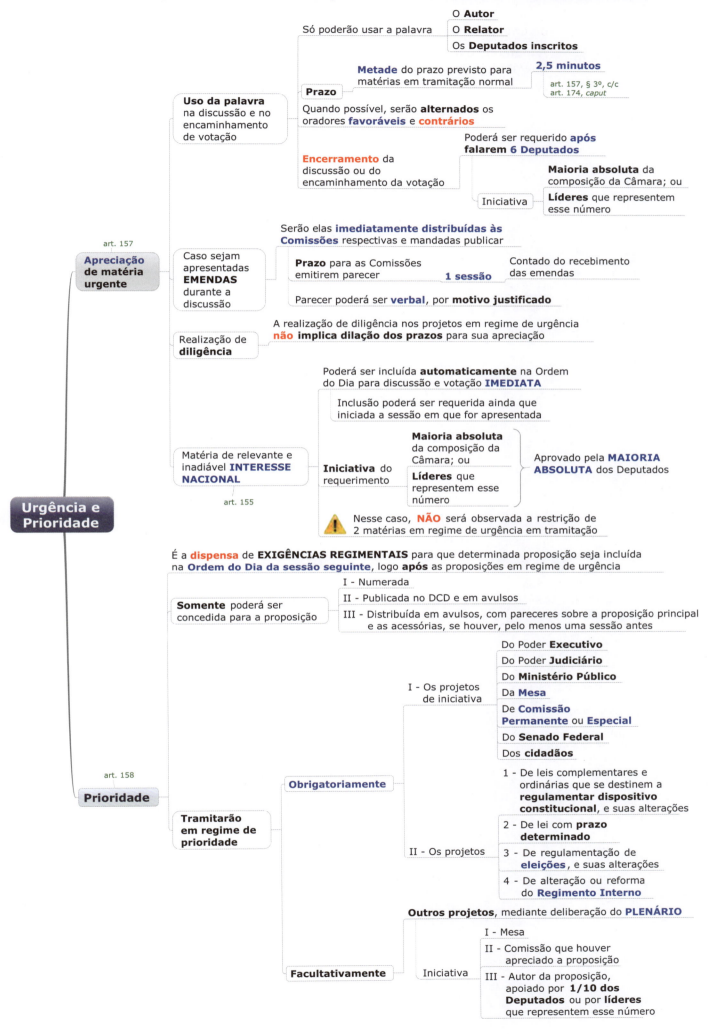

DA APRECIAÇÃO DAS PROPOSIÇÕES - DA PREFERÊNCIA

Objeto

Conferir **primazia** na discussão, ou na votação, de uma proposição sobre outra, ou outras — art. 159

A matéria com preferência será discutida ou votada antes de outra(s)

Preferência

OBS.: O curso de RICD dos autores Carneiro, Nóbrega Netto e Santos traz posicionamento divergente. Segundo os autores, as preferências constitucionais **estão à frente** das matérias sobre a Mesa

I - **Redações finais**

II - Requerimentos de **urgência**

III - Requerimentos de **Comissão** sujeitos a votação

IV - Requerimentos de **Deputados** dependentes de votação imediata

V - **Recursos**

Matérias sobre a Mesa

VI – **Medidas provisórias** com prazo de tramitação **esgotado** (a partir do 46º dia contado de sua publicação)

art. 62, § 6º, CF

VII – Projetos de iniciativa do Presidente da República com **solicitação de urgência** com prazo de tramitação **esgotado** (a partir do 46º dia na CD)

art. 64, § 2º, CF

Preferência constitucionais

Não constam do RICD

Ordem de preferência das matérias constantes da Ordem do Dia

art. 159, § 2º

OBS.: Há controvérsia interna na Casa quanto a essa ordem, visto que nunca ouve declaração de guerra. Carneiro, Nóbrega Netto e Santos trazem posicionamento divergente colocando a "urgência urgentíssima" em 1º lugar dentre os projetos em regime de urgência

VIII- Projetos em regime de **urgência**

1º - Declaração de **GUERRA** e correlatos

2º - Estado de **defesa**, estado de **sítio** e **intervenção federal** nos Estados

3º - Matéria considerada **urgente**

"Urgência urgentíssima" - Matéria de relevante e inadiável interesse nacional

art. 155

Em caso de aprovação de **requerimento de urgência** pelo Plenário

4º - Acordos **internacionais**

5º - Fixação dos **efetivos das Forças Armadas**

IX - Projetos em regime de **prioridade**

1º - Proposições de iniciativa da **Mesa** ou de **Comissões Permanentes**

2º - Demais projetos em regime de prioridade

X – Propostas de **emenda à Constituição** — art. 191, I

XI - Projetos em regime de tramitação **ordinária**

1º - Para os quais tenha sido concedida preferência a requerimento do **Colégio de Líderes**

art. 160, § 4º

2º - Para os quais tenha sido concedida preferência a **requerimento de Deputado**

art. 159, § 1º, c/c art. 160, *caput*

3º - Que tenham **pareceres favoráveis** de todas as Comissões a que foram distribuídos

art. 159, § 1º

4º - Demais projetos em regime de tramitação ordinária

DA APRECIAÇÃO DAS PROPOSIÇÕES - DA PREFERÊNCIA II

Preferência

Outras regras de preferência

Em cada grupo da pauta, terão preferência as proposições em **VOTAÇÃO**, vindo **DEPOIS** as proposições em **DISCUSSÃO**

art. 86, § 1º, parte inicial

Entre as proposições de **um mesmo grupo** há a seguinte ordem de preferência

art. 86, § 1º, parte final

- 1º) Emendas do Senado a proposições da Câmara
- 2º) Proposições da Câmara em **turno único**
- 3º) Proposições da Câmara em **2º turno**
- 4º) Proposições da Câmara em **1º turno**
- 5º) Proposições em **apreciação preliminar**

As proposições **não apreciadas da pauta da sessão anterior** terão **precedência** sobre outras dos grupos a que pertençam   art. 86, § 2º

Os projetos **mais antigos** terão preferência sobre os **mais recentes**

Precedência entre os requerimentos

O requerimento **sobre proposição** em Ordem do Dia terá votação preferencial — Será apreciado **antes** de iniciar-se a discussão ou votação da matéria a que se refira

Requerimento de adiamento de **discussão**, ou de **votação** — Será votado **antes** da proposição a que disser respeito

Caso ocorra a apresentação de **MAIS DE UM** requerimento
- O Presidente regulará a preferência pela ORDEM de apresentação
- Caso os requerimentos tenham sido apresentados **SIMULTANEAMENTE**, a preferência será pela maior IMPORTÂNCIA **das matérias a que se reportarem**

Caso sejam **idênticos em seus fins**, serão postos em votação conjuntamente, e a adoção de um prejudicará os demais, o mais amplo tendo preferência sobre o mais restrito

Requerimento de preferência

Finalidade — Alterar a ordem em que as matérias constam na pauta

Iniciativa — Qualquer Deputado
⚠ Deve ser formulado **ANTES** de iniciada a Ordem do Dia

A Preferência somente será concedida sobre as proposições do **MESMO GRUPO**
- Devem-se observar os respectivos **GRUPOS**
  - 1º - Projetos em regime de **urgência**
  - 2º - Projetos em regime de **prioridade**
  - 3ª - Projetos em regime de tramitação **ordinária**

Em caso de **mais de 5** requerimentos de preferência

O Presidente, se entender que isso pode tumultuar a ordem dos trabalhos, verificará, por consulta prévia, se a Câmara admite modificação na Ordem do Dia

✔ **Admitida** a modificação — Os requerimentos serão considerados um a um na ordem de sua apresentação

✖ **Recusada** a modificação na Ordem do Dia
- Considerar-se-ão prejudicados todos os requerimentos de preferência apresentados
- Nesse caso, nenhum outro requerimento de preferência será recebido na mesma sessão

Caso a preferência tenha sido solicitada pelo **Colégio de Líderes** — A respectiva matéria será apreciada logo **após** as proposições em **regime especial**

DA APRECIAÇÃO DAS PROPOSIÇÕES - DO DESTAQUE

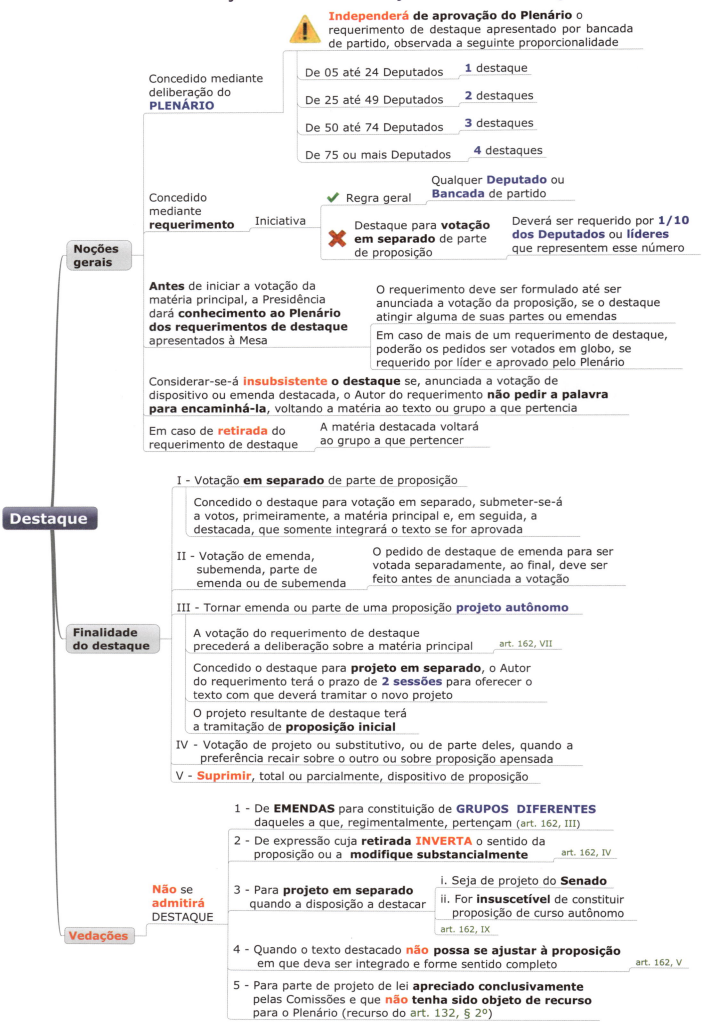

DA APRECIAÇÃO DAS PROPOSIÇÕES - DA PREJUDICIALIDADE

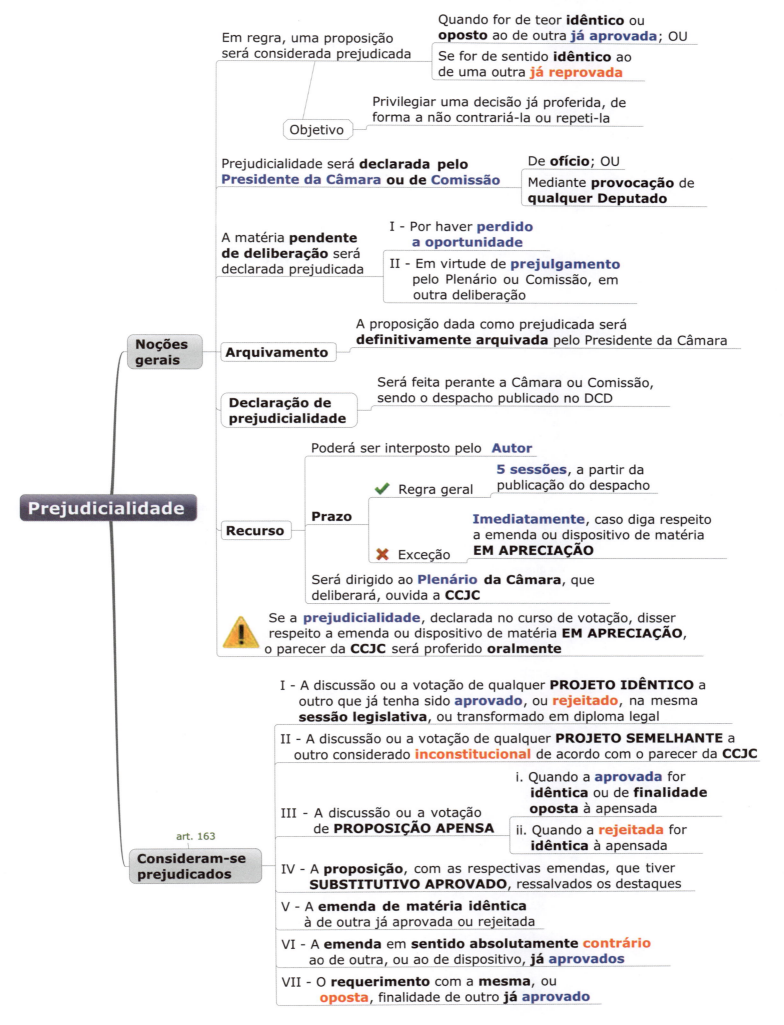

APRECIAÇÃO DAS PROPOSIÇÕES - TRAMITAÇÃO - DISCUSSÃO I

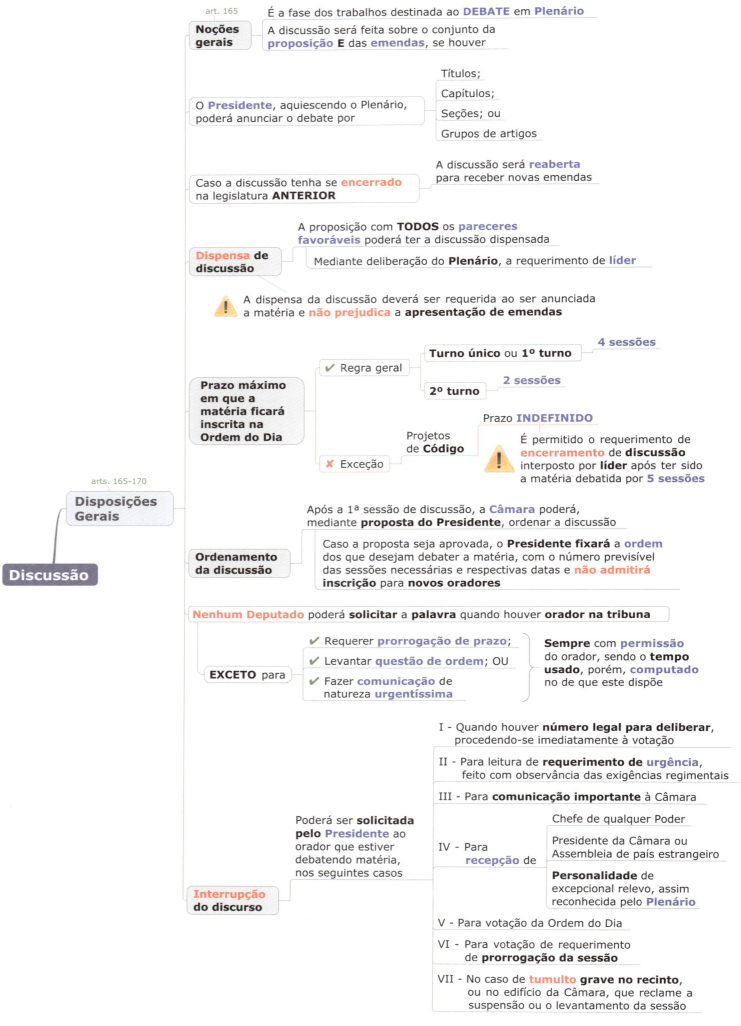

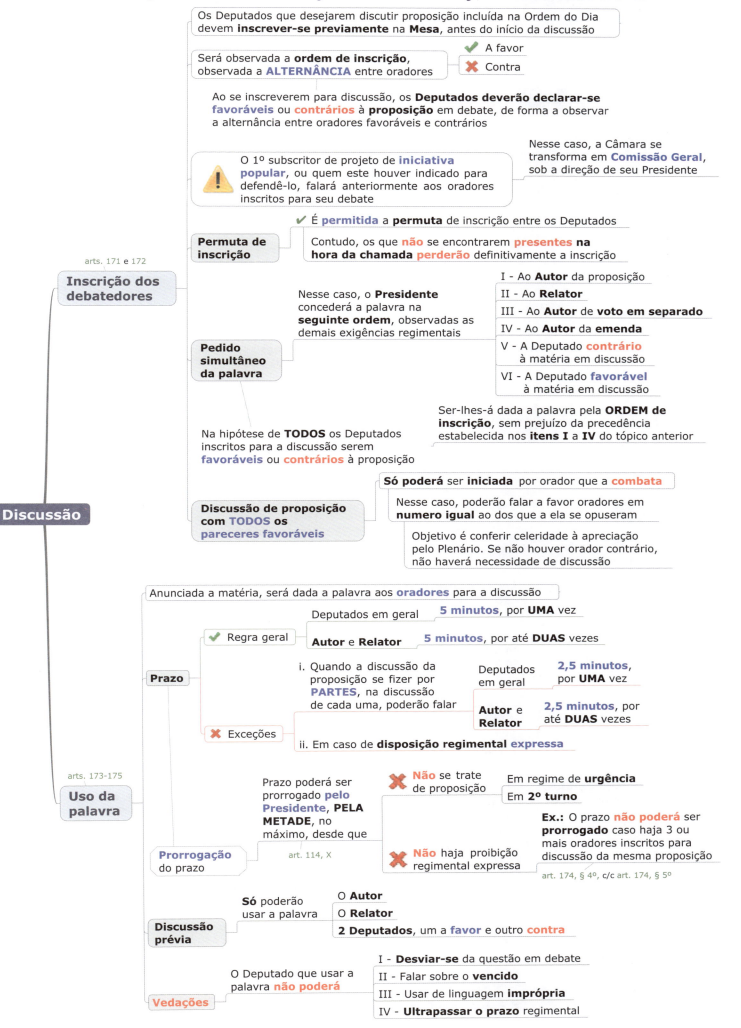

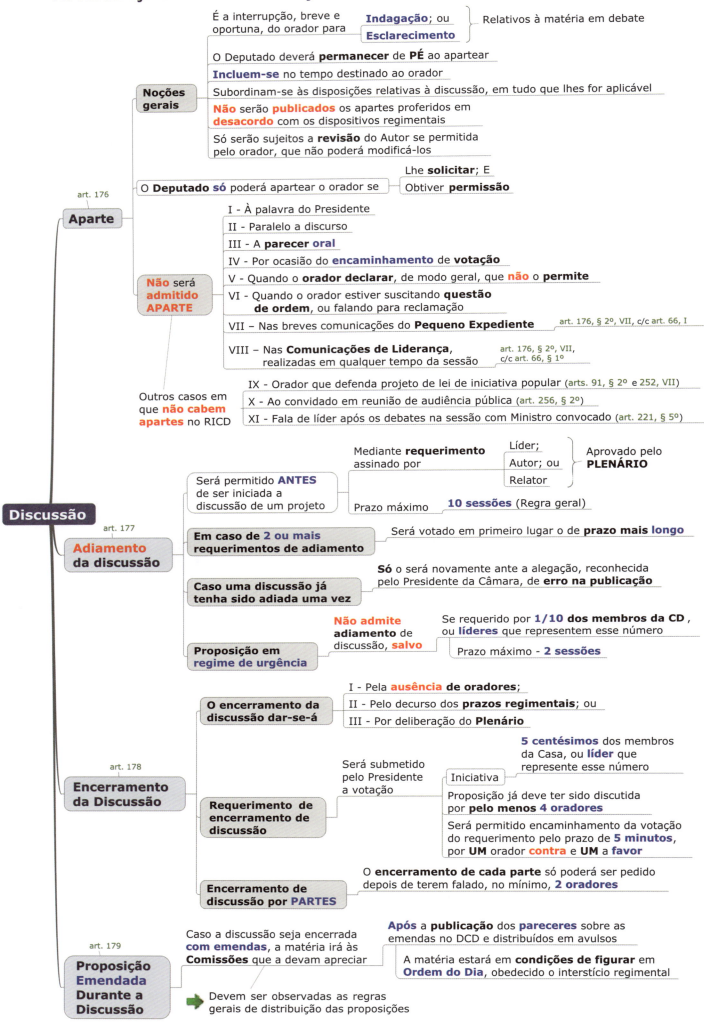

APRECIAÇÃO DAS PROPOSIÇÕES - TRAMITAÇÃO - VOTAÇÃO I

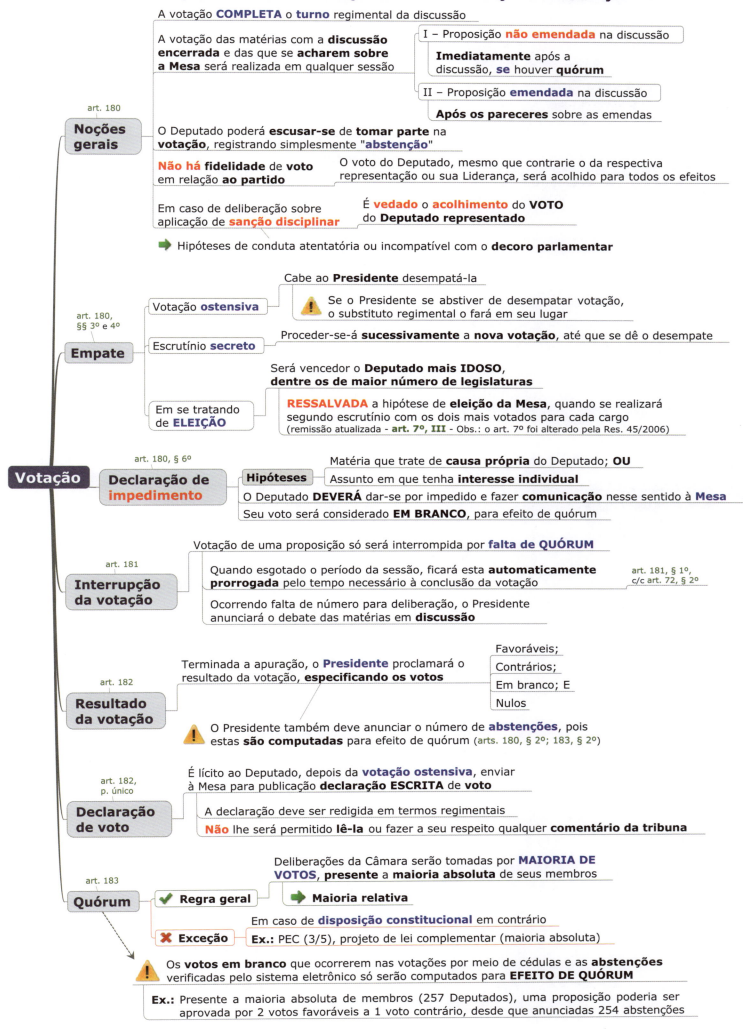

95

APRECIAÇÃO DAS PROPOSIÇÕES - TRAMITAÇÃO - VOTAÇÃO II

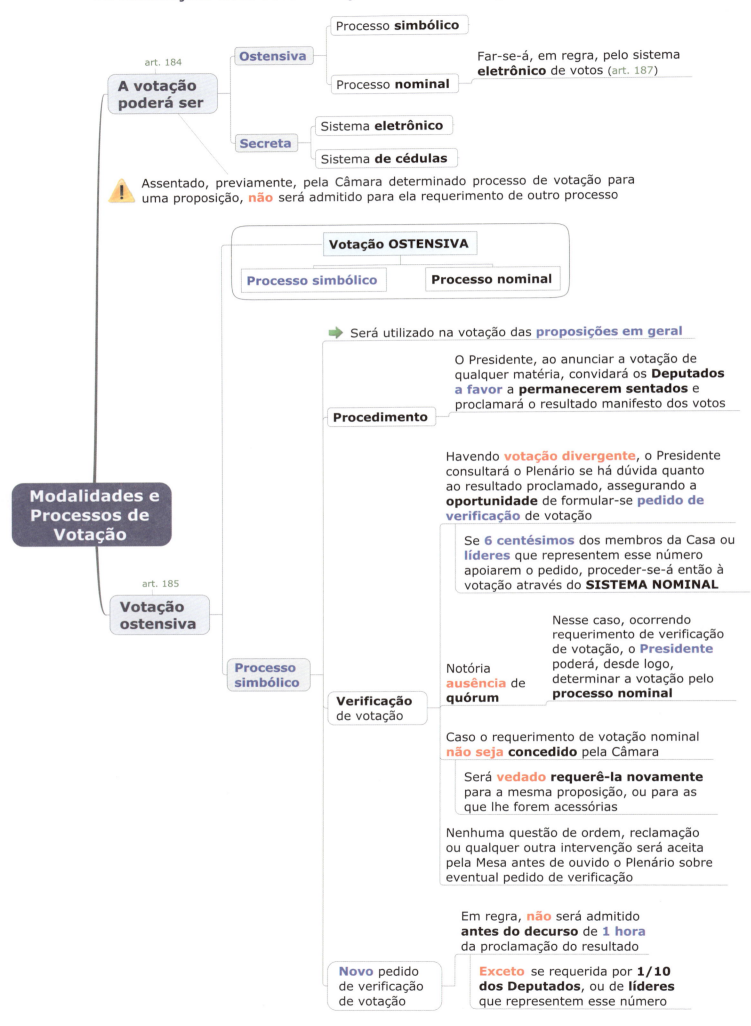

APRECIAÇÃO DAS PROPOSIÇÕES - TRAMITAÇÃO - VOTAÇÃO III

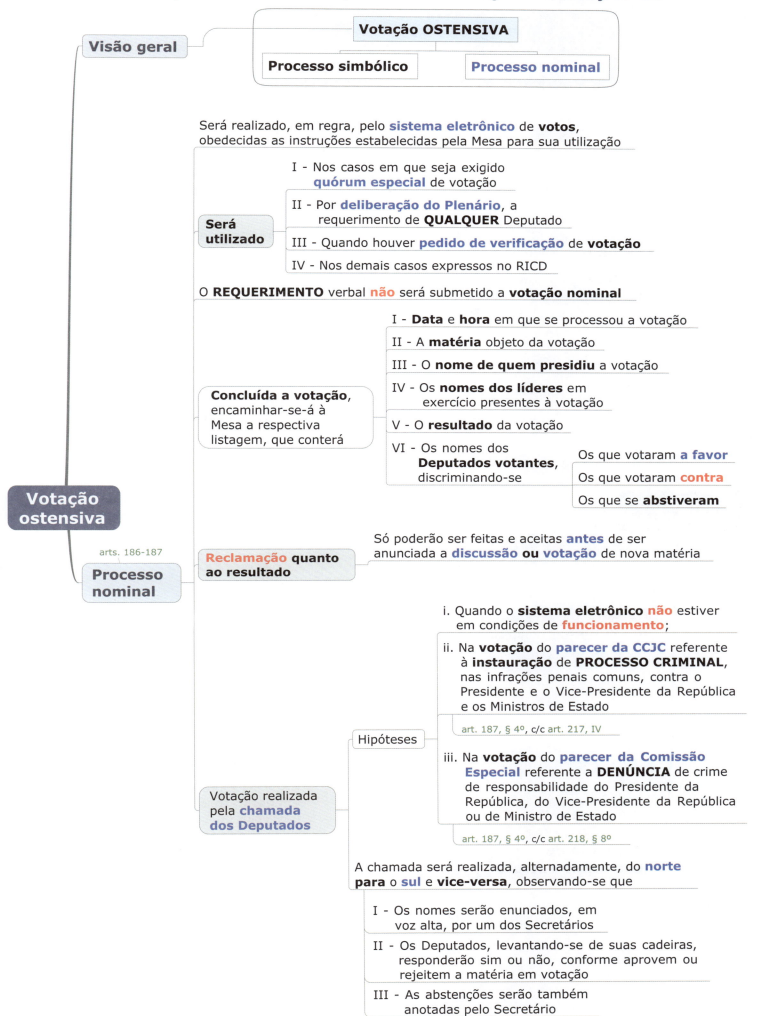

APRECIAÇÃO DAS PROPOSIÇÕES - TRAMITAÇÃO - VOTAÇÃO IV

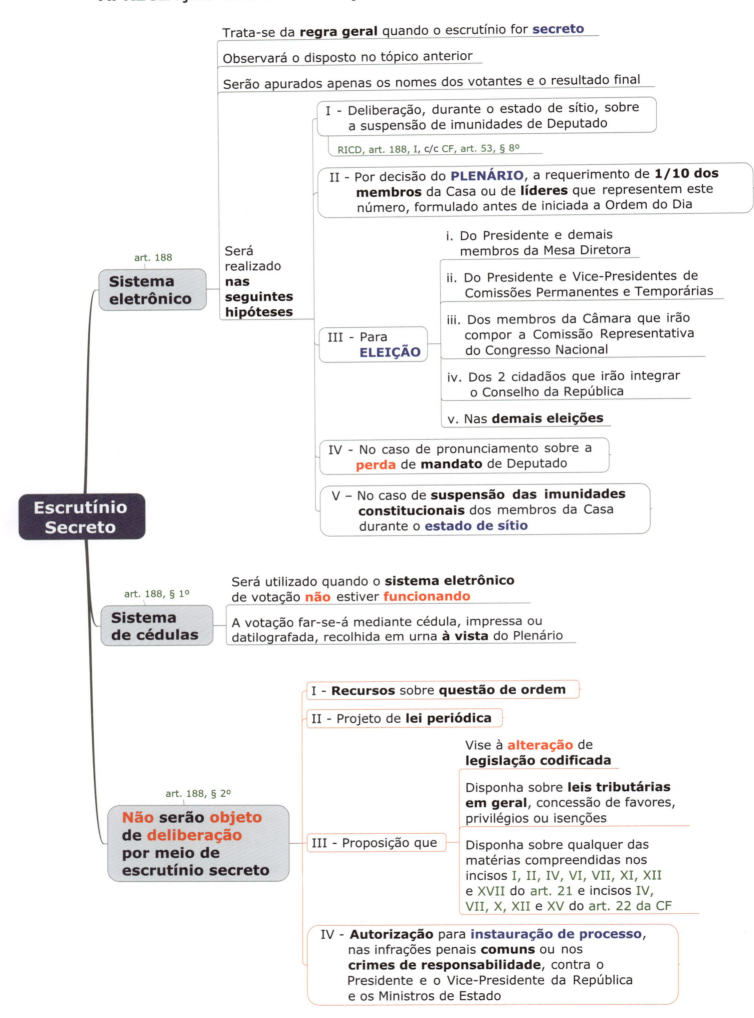

APRECIAÇÃO DAS PROPOSIÇÕES - TRAMITAÇÃO - VOTAÇÃO V

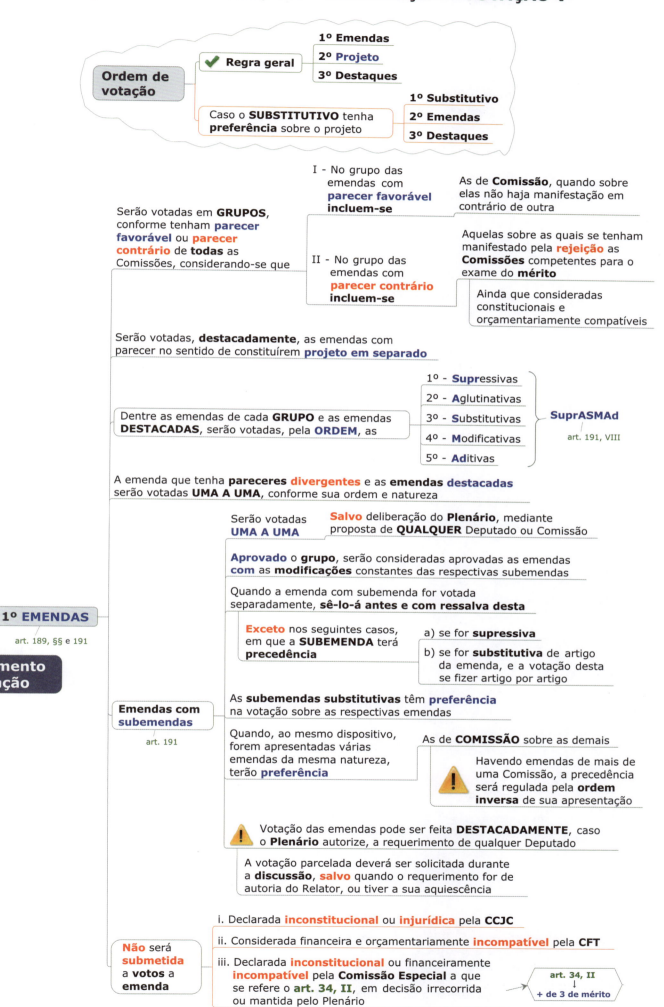

99

APRECIAÇÃO DAS PROPOSIÇÕES - TRAMITAÇÃO - VOTAÇÃO VI

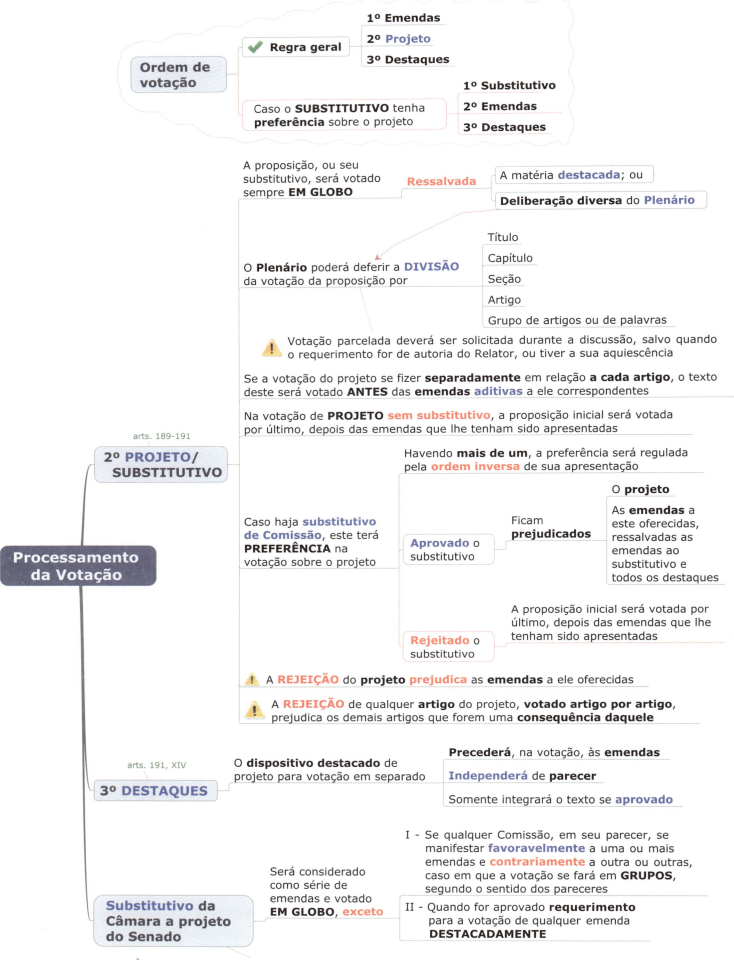

APRECIAÇÃO DAS PROPOSIÇÕES - TRAMITAÇÃO - VOTAÇÃO VII

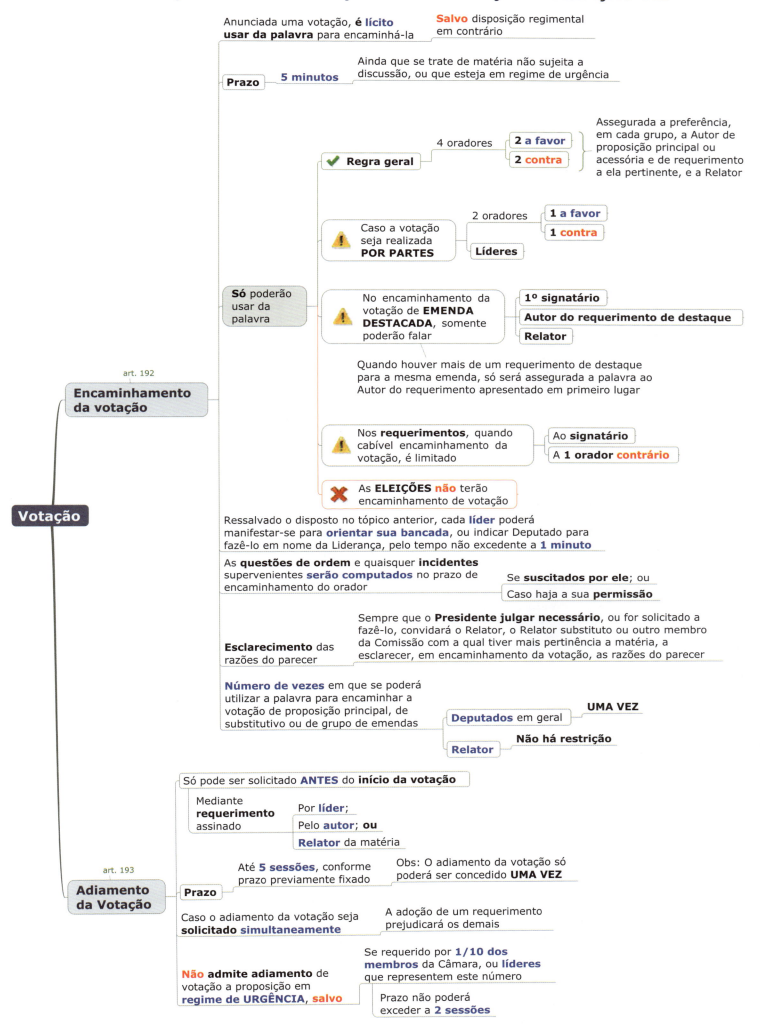

REDAÇÃO DO VENCIDO E REDAÇÃO FINAL I

Apreciação das proposições

Redação do Vencido (arts. 194-197)

Noções gerais

Terminada a votação em **1º TURNO**, os projetos irão à **CCJC** (regra geral) para **redigir o vencido**

⚠️ **SÓ** haverá **redação do vencido** de proposições que tramitem em **2 turnos**
- **PEC**
- Projeto de **lei complementar**
- Projeto de resolução para alteração do **RICD**

Redação do vencido será elaborada nas seguintes **hipóteses**
art. 194, p. único
- Projetos aprovados em 1º turno, **COM emendas**
- Projetos aprovados em 1º turno, **SEM emendas, DESDE QUE** haja
  - **Vício de linguagem**
  - **Defeito** ou **erro** manifesto a corrigir

Competência para redigir o vencido
- **CCJC** ✔ Regra geral
- *art. 197* **Comissão específica** para estudar a matéria
  - **PEC**
  - Projeto de resolução para alteração do **RICD**, se a **Comissão Especial** o houver elaborado (art. 197 c/c art. 216, § 6º)
- **Mesa**
  - Projeto de resolução para alteração do **RICD**, quando a iniciativa for da **Mesa**, de **Deputados** ou de **Comissão Permanente** (art. 197 c/c art. 216, § 6º)

Prazo
A redação do vencido será elaborada dentro de
- **10 sessões** — Para os projetos em tramitação **ORDINÁRIA**
- **5 sessões** — Para os em regime de **PRIORIDADE**
- **1 sessão**, prorrogável por outra, excepcionalmente, por deliberação do Plenário — Para os em regime de **URGÊNCIA**, entre eles incluídas as **PECs**

Redação Final (arts. 195-199)

Noções gerais
Será elaborada após ultimada a fase da votação, em **TURNO ÚNICO** ou em **2º TURNO**, conforme o caso
A redação final é **parte integrante do turno** em que se concluir a apreciação da matéria

Competência para elaborar a redação final
- **CCJC** ✔ Regra geral
- *art. 197* **Comissão específica** para estudar a matéria
  - **PEC**
  - Projeto de **código** ou sua reforma
  - Projeto de resolução para alteração do **RICD**, se a **Comissão Especial** o houver elaborado (art. 197 c/c art. 216, § 6º)
- **Mesa**
  - Projeto de resolução para alteração do **RICD**, quando a iniciativa for da **Mesa**, de **Deputados** ou de **Comissão Permanente** (**art. 197** c/c **art. 216, § 6º**)

⚠️ Poderão ser apresentadas, se necessário, **EMENDAS DE REDAÇÃO**

Prazo
- **10 sessões** — Para os projetos em tramitação **ORDINÁRIA**
- **5 sessões** — Para os em regime de **PRIORIDADE**
- **1 sessão**, prorrogável por outra, excepcionalmente, por deliberação do Plenário — Para os em regime de **URGÊNCIA**, entre eles incluídas as **PECs**

= Redação do vencido

Hipóteses em que será dispensada
- I - Nas **PECs em 2º turno**, se **aprovadas sem modificações**, já tendo sido feita redação do vencido em 1º turno
- II - Nos **projetos em 2º turno**, se **aprovados sem modificações**, já tendo sido feita redação do vencido em 1º turno
- III - Nos **substitutivos aprovados** em **2º turno, sem emendas**
- IV - Nos projetos do **SENADO aprovados sem emendas**

Desde que não haja
- Vício de linguagem
- Defeito ou erro manifesto a corrigir

➡️ A Comissão poderá, em seu parecer, propor que seja considerada como final a redação do texto de **PEC**, **PROJETO** ou **SUBSTITUTIVO aprovado sem alterações**, desde que em condições de ser adotado como definitivo

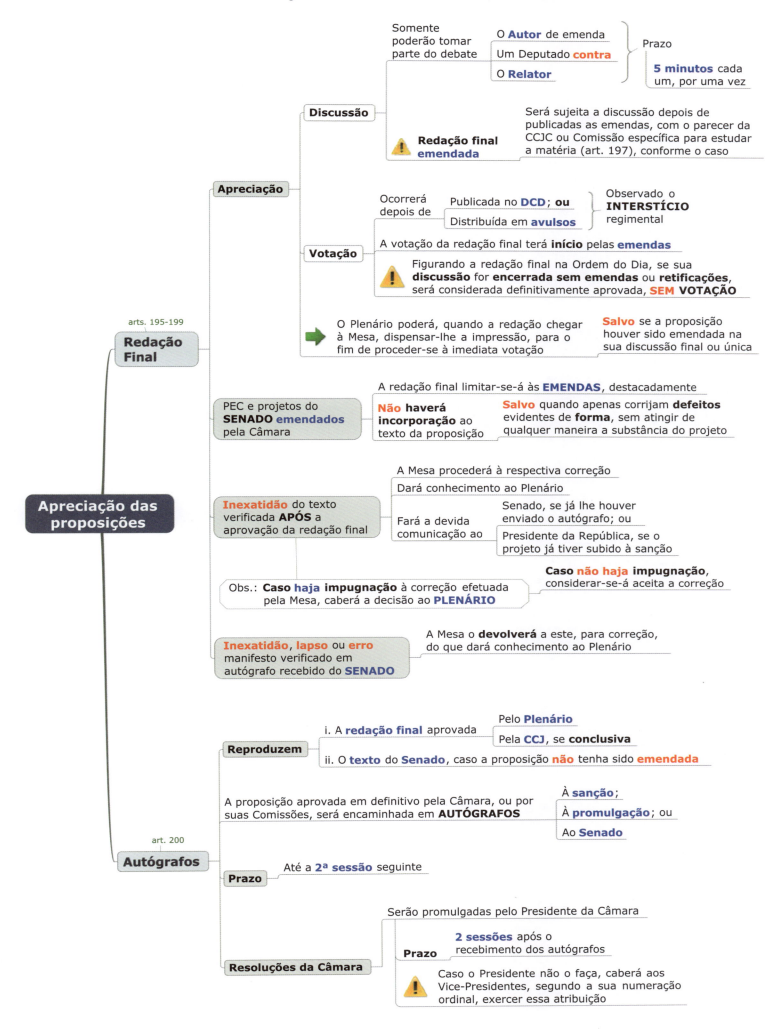

Capítulo 6

Das Matérias Sujeitas a Disposições Especiais

DAS MATÉRIAS SUJEITAS A DISPOSIÇÕES ESPECIAIS I - PEC

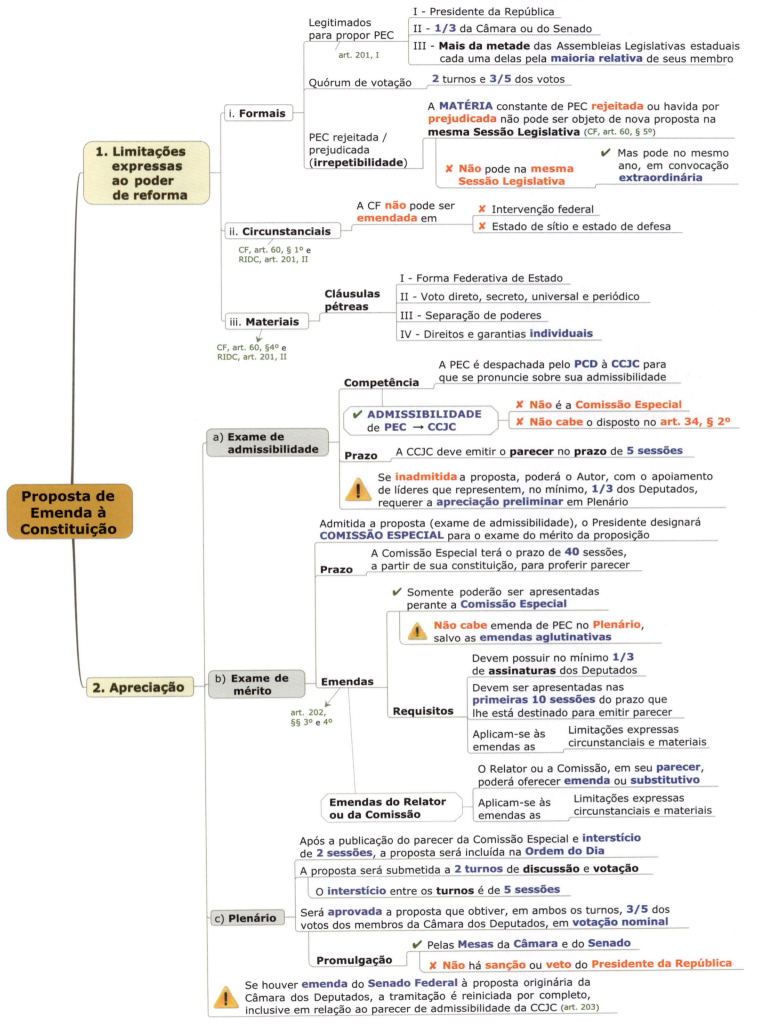

DAS MATÉRIAS SUJEITAS A DISPOSIÇÕES ESPECIAIS II

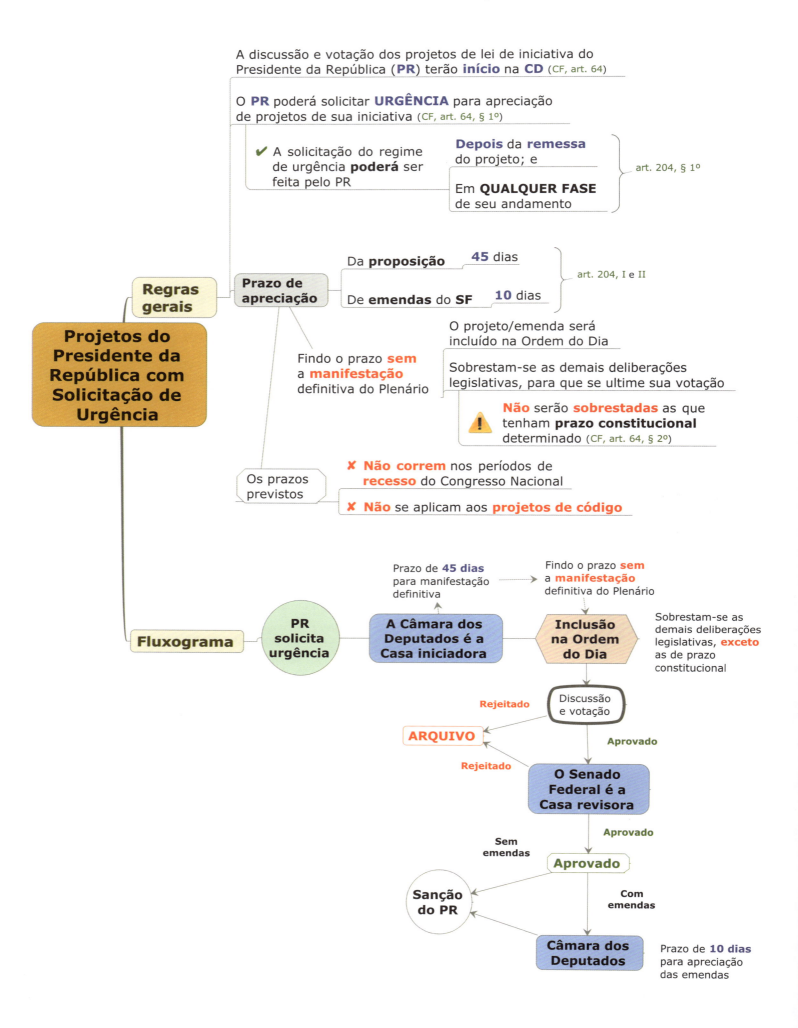

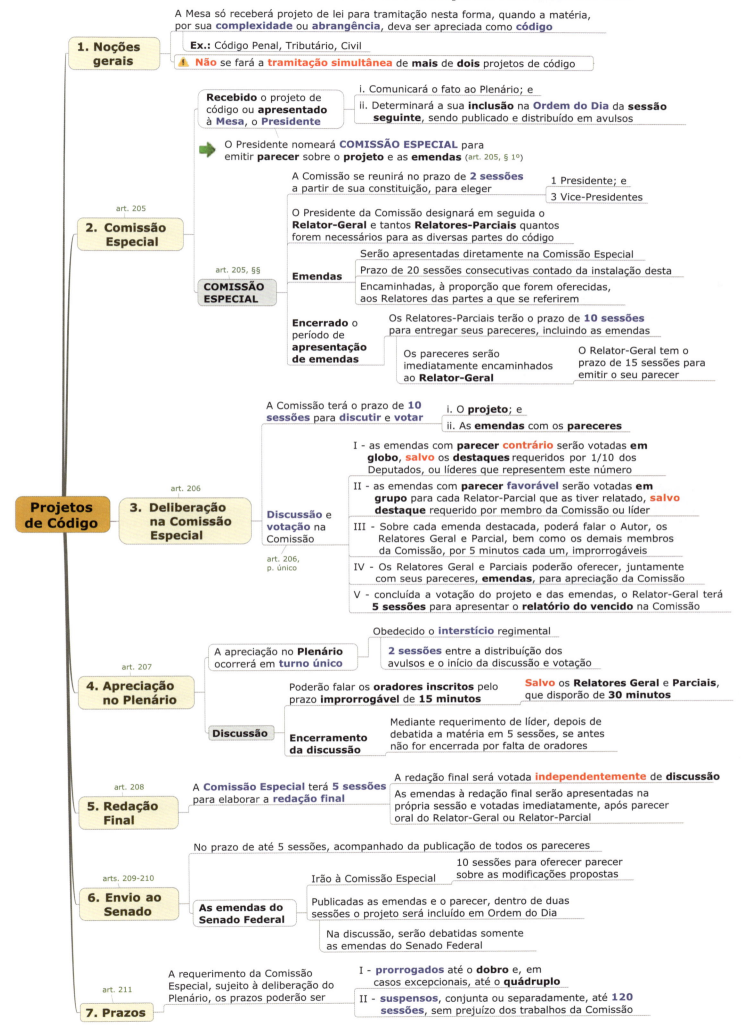

DAS MATÉRIAS SUJEITAS A DISPOSIÇÕES ESPECIAIS IV

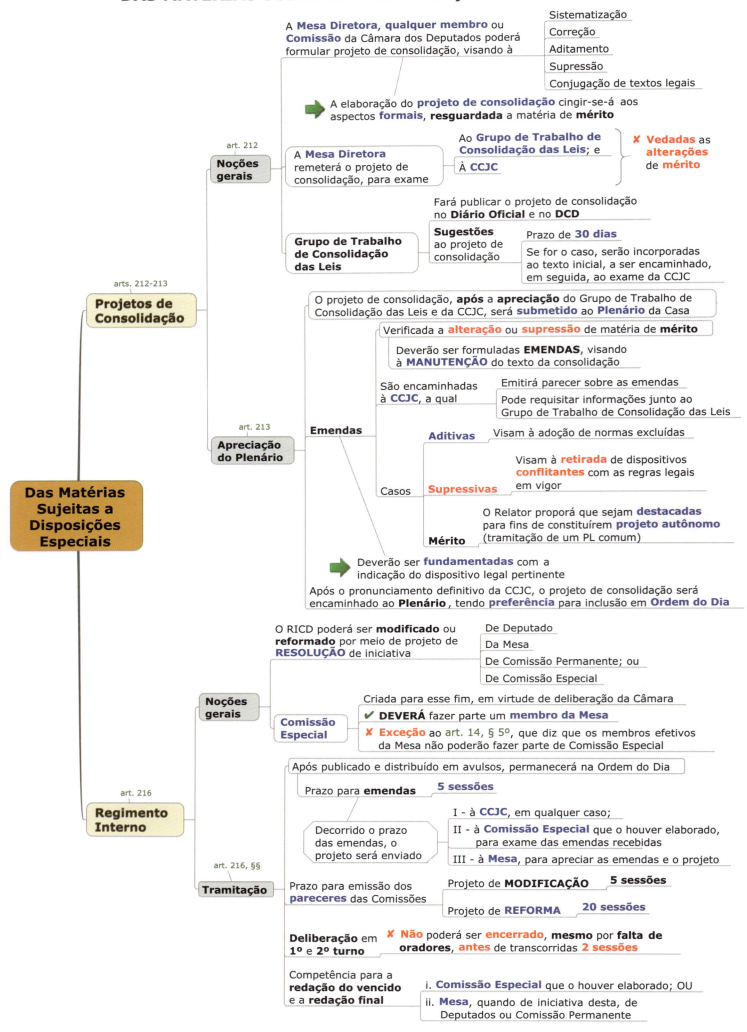

DAS MATÉRIAS SUJEITAS A DISPOSIÇÕES ESPECIAIS V

Matérias de Natureza Periódica

art. 214

1. Projetos de Fixação da Remuneração

À **Comissão de Finanças e Tributação** incumbe elaborar o projeto de **DECRETO LEGISLATIVO** destinado a fixar

i. A remuneração e a ajuda de custo dos membros do Congresso Nacional

ii. A remuneração, para cada exercício financeiro

- I - Do Presidente da República
- II - Do Vice-Presidente da República
- III - Dos Ministros de Estado

➡ A **CFT** deve elaborar o projeto no **último ano** de cada legislatura

➡ O decreto legislativo somente terá **vigor** na **legislatura subsequente**

Se a CFT ou qualquer Deputado **não apresentarem** o projeto, durante o **1º semestre** da **última** Sessão Legislativa da legislatura

A Mesa incluirá na Ordem do Dia, na 1º Sessão Ordinária do 2º período semestral, em forma de proposição, as disposições respectivas em vigor

O projeto figurará na **Ordem do Dia** durante **5 sessões** para recebimento de **emendas**

A CFT emitirá **parecer** sobre as emendas no prazo **improrrogável** de **5 sessões**

2. Tomada de Contas do PR

À **Comissão de Fiscalização Financeira e Controle** incumbe proceder à **tomada de contas** do Presidente da República, quando **não apresentadas** ao Congresso Nacional dentro de **60 DIAS após** a abertura da **Sessão Legislativa**

✔ A competência para a tomada de contas do PR é da **Comissão de Fiscalização Financeira e Controle** (art. 32, XI)

✘ **Não** é mais a **Comissão de Finanças e Tributação**

A Comissão aguardará, para pronunciamento definitivo, a **organização das contas do exercício**

Deverá ser feita por uma **Subcomissão Especial**, com o **auxílio do TCU**, dentro de **60 sessões**

art. 215

Subcomissão Especial

Compor-se-á, pelo menos, de tantos membros quantos forem os órgãos que figuraram no Orçamento da União referente ao exercício anterior

Observado o **princípio da proporcionalidade partidária**

Cada membro da Subcomissão Especial será designado **Relator-Parcial** da tomada de contas **relativa** a **um órgão** orçamentário

Terá **amplos poderes** para

i. Solicitar ao TCU providências ou informações

ii. Realização de diligências e perícias

iii. Apuração de responsabilidade

iv. Convocar os responsáveis pelos controles internos e os ordenadores de despesa

Da administração pública direta, indireta e fundacional dos 3 Poderes

Para comprovar, as contas do exercício findo

Parecer da Comissão

Será encaminhado ao **Congresso Nacional**, por meio da **Mesa** da CD

Inclui a proposta de medidas legais e outras providências cabíveis

A prestação de contas, **após iniciada** a tomada de contas

Não será **óbice** à adoção e continuidade das **providências** relativas ao processo por **crime de responsabilidade**

DAS MATÉRIAS SUJEITAS A DISPOSIÇÕES ESPECIAIS VI

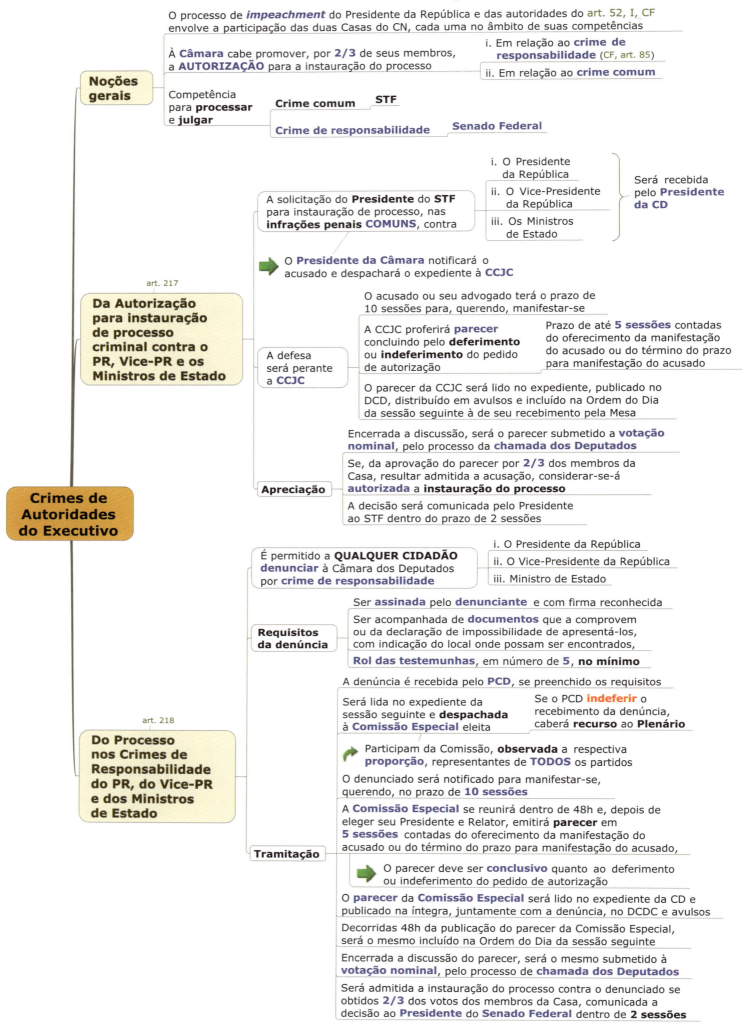

DAS MATÉRIAS SUJEITAS A DISPOSIÇÕES ESPECIAIS VII

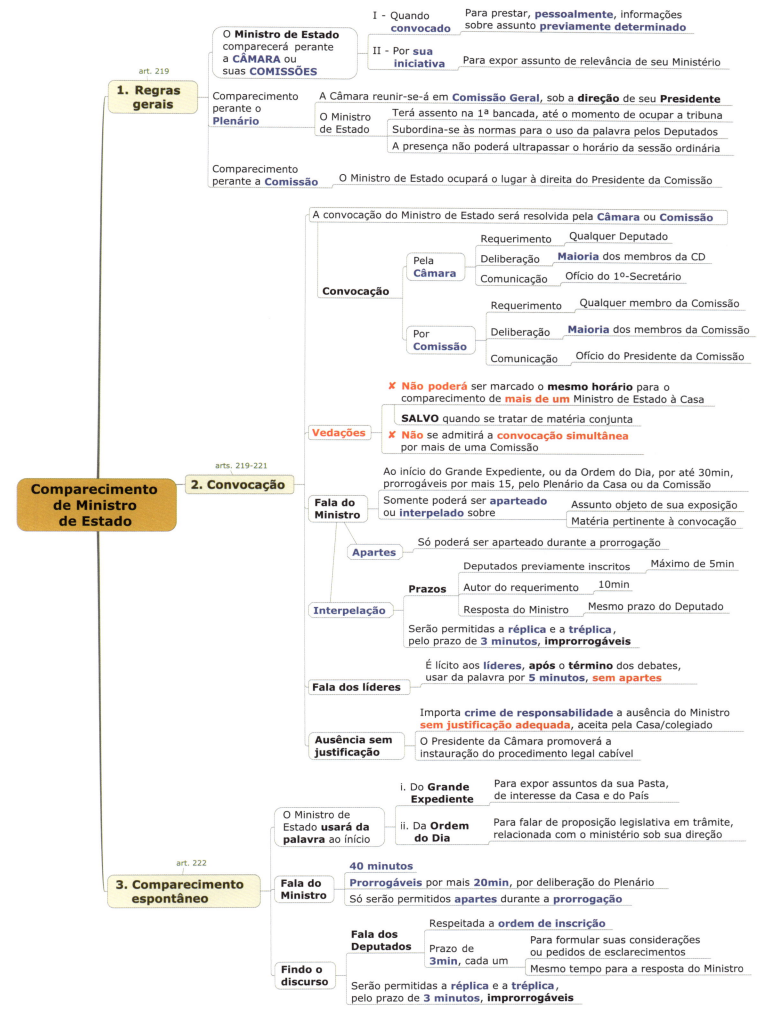

Capítulo 7

Dos Deputados

DOS DEPUTADOS - DO EXERCÍCIO DO MANDATO I

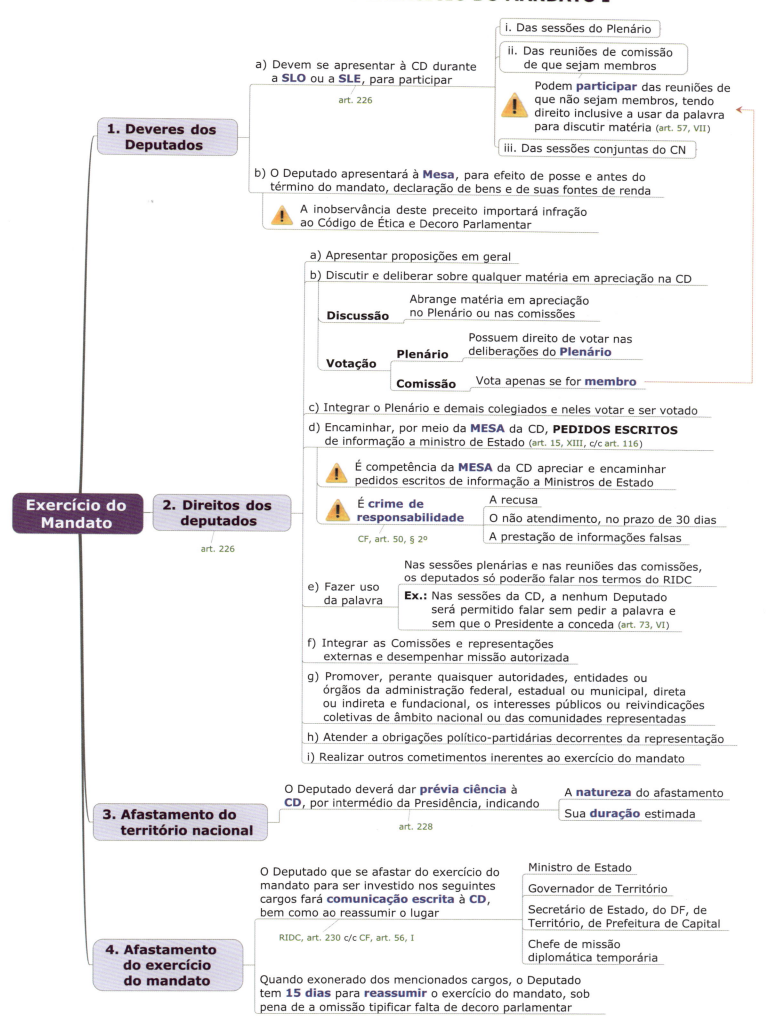

DOS DEPUTADOS - EXERCÍCIO DO MANDATO II

São prerrogativas outorgadas pela CF aos membros do CN, para que exerçam suas atribuições constitucionais com **independência** e **liberdade de manifestação**

Imunidades

1. Noções gerais

IMUNIDADE

Material (inviolabilidade material)

Formal (processual)

2. Imunidade material

Deputados são invioláveis, **civil** e **penalmente**, por suas **opiniões**, **palavras** e **votos**

CF, art. 53 e RIDC, art. 231, § 1º

Protege o Deputado somente para as manifestações que ocorrerem no **exercício do mandato**

Deve haver relação de **pertinência** entre

A **manifestação** do parlamentar e

O **exercício** do **mandato eletivo**

STF Manifestações proferidas no recinto da **Casa Legislativa** estarão **sempre** protegidas pela imunidade material, em decorrência de **presunção absoluta de pertinência** com o desempenho da atividade parlamentar

⚠ A inviolabilidade material abrange somente as esferas **penal** e **civil**

3. Imunidade formal

Em relação à prisão

✔ Poderão ser presos

i. Flagrante de crime inafiançável (CF, art. 53, § 2º)

ii. Sentença judicial transitada em julgado (**STF**)

✗ **Não** poderão ser **presos** Demais casos

⚠ Em caso de prisão, os autos serão remetidos, dentro de 24h, à CD, para que, pelo voto da maioria dos seus membros (**maioria absoluta**), resolva sobre a prisão (CF, art. 53, § 2º)

Desde a expedição do **diploma** pela Justiça Eleitoral, o deputado já está protegido pela imunidade formal

A imunidade quanto à prisão abrange crime praticado **antes** ou **após** a **diplomação**

Em relação ao processo

É a possibilidade de **sustação** do andamento do processo decorrente de crime praticado **após** a **diplomação**

Iniciativa Partido político **com representação** na Casa

Deliberação **Maioria absoluta** da respectiva Casa

Crime praticado **após** a **Diplomação**

STF Processa e julga sem necessidade de autorização

Dá ciência à CD

Partido político nela representado, poderá solicitar a **sustação do processo**

✗ A CD **não** agirá de **ofício**, após a comunicação do STF

✔ Há necessidade de **solicitação** de **part. político** com representação na CD

O pedido de sustação deve ser apreciado pela CD no prazo improrrogável de **45 dias** do seu recebimento pela Mesa Diretora (CF, art. 53, § 3º)

✗ **Não** há **prazo** para que **part. político** provoque a deliberação da CD

✔ Há **prazo** para que a **CD delibere** sobre a provocação do partido político

Crime praticado **antes** da **Diplomação** ✗ **Não** há **imunidade**

118

DOS DEPUTADOS - DO EXERCÍCIO DO MANDATO III

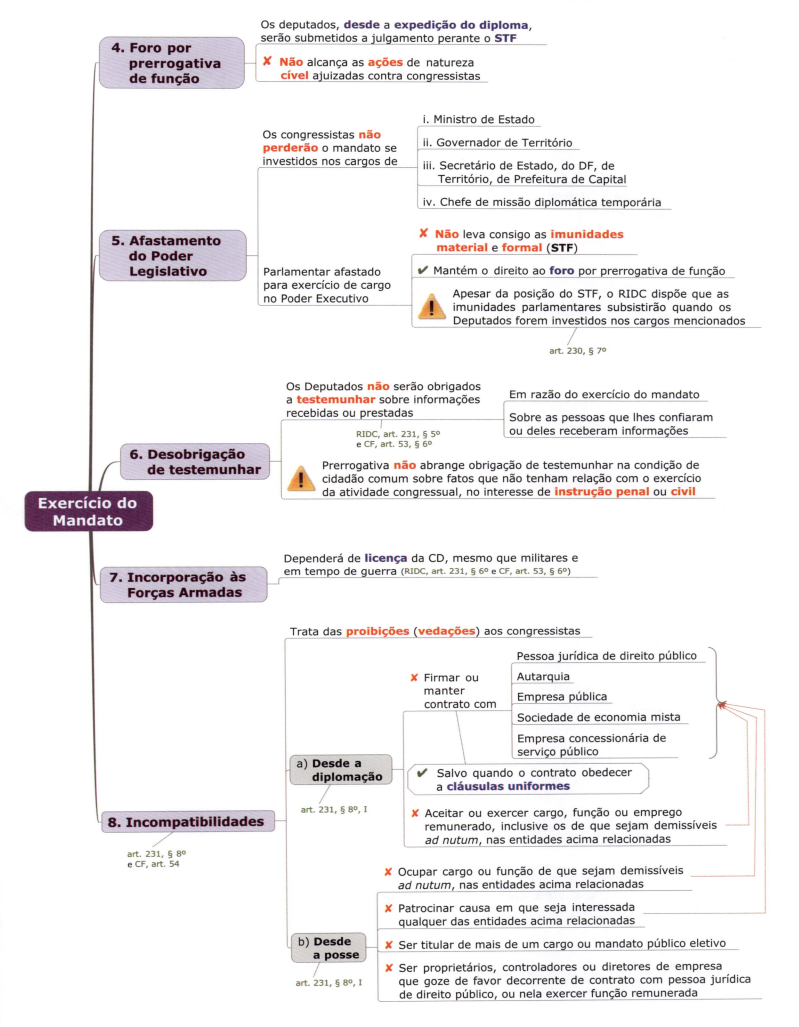

DOS DEPUTADOS - EXERCÍCIO DO MANDATO IV E LICENÇA

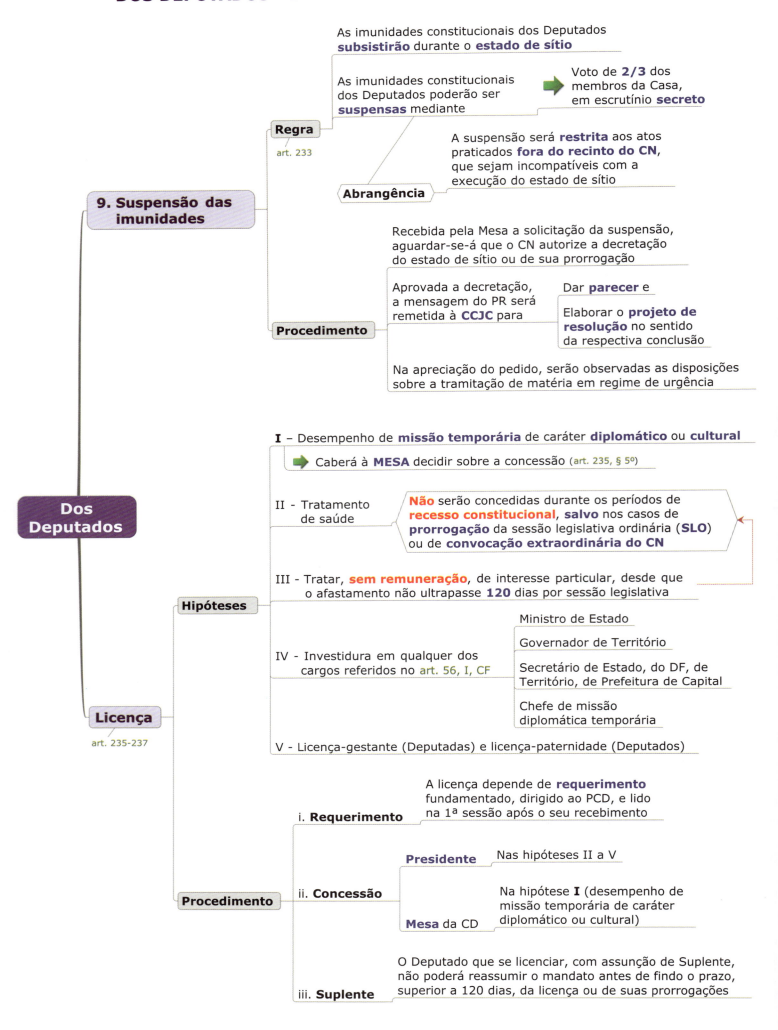

DOS DEPUTADOS - VACÂNCIA e DECORO PARLAMENTAR

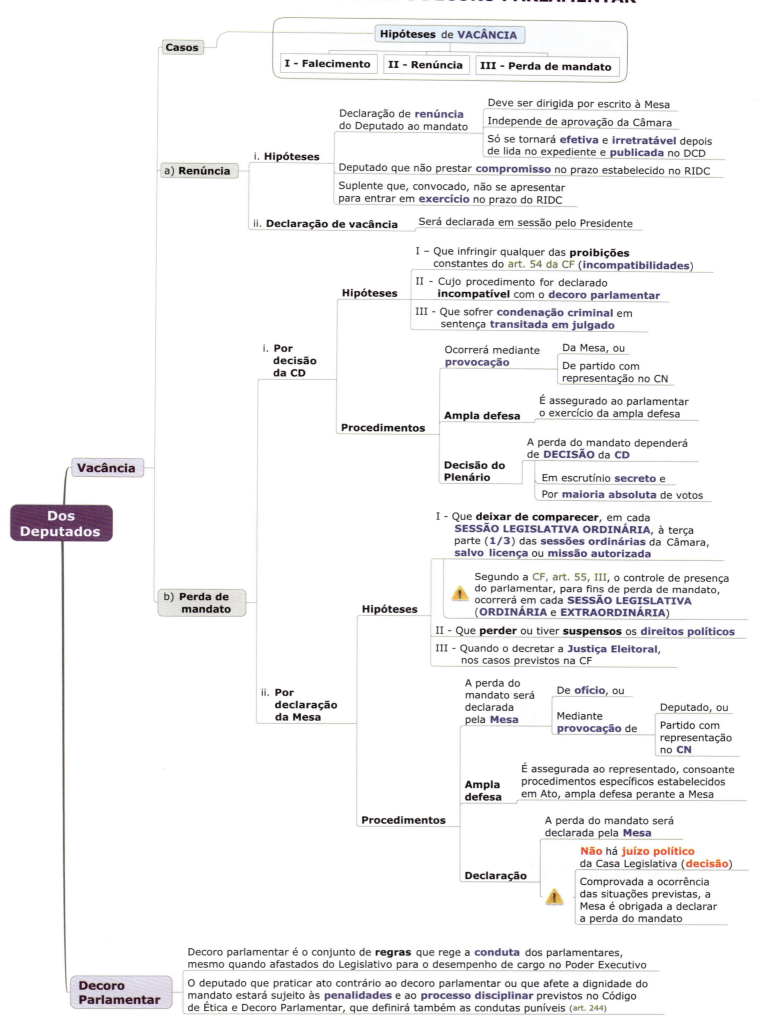

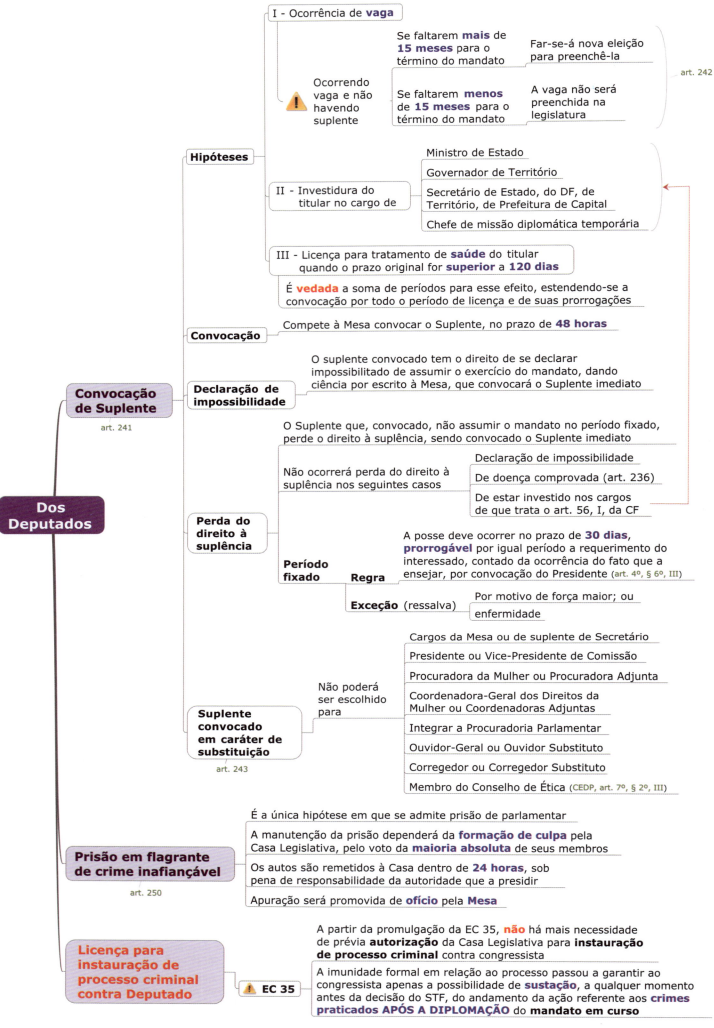

Capítulo 8

Participação da Sociedade Civil

DA PARTICIPAÇÃO DA SOCIEDADE CIVIL I

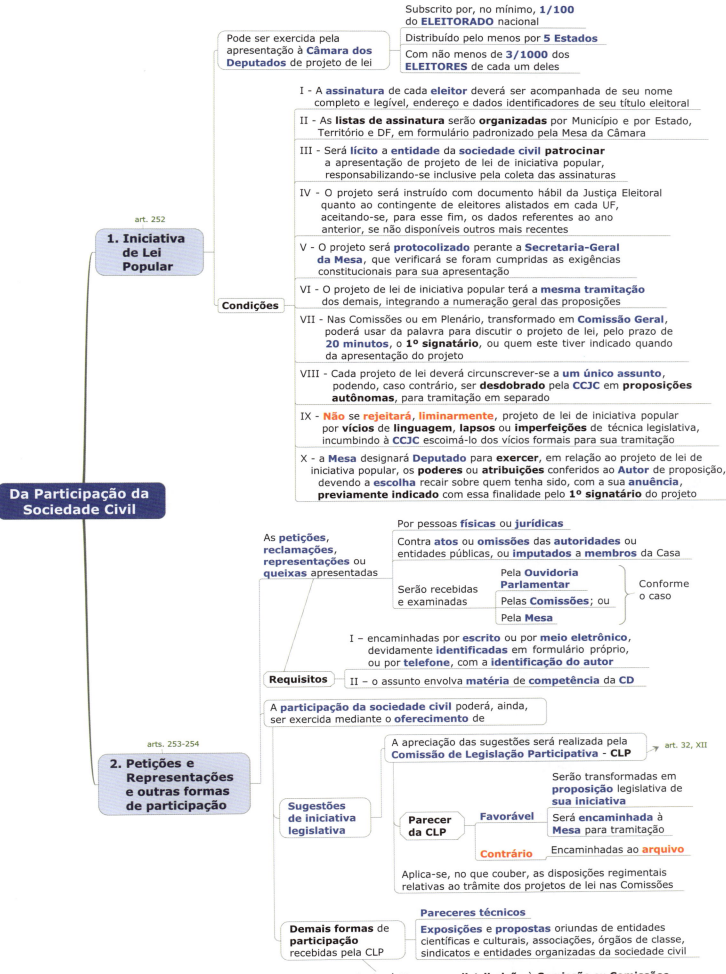

DA PARTICIPAÇÃO DA SOCIEDADE CIVIL II

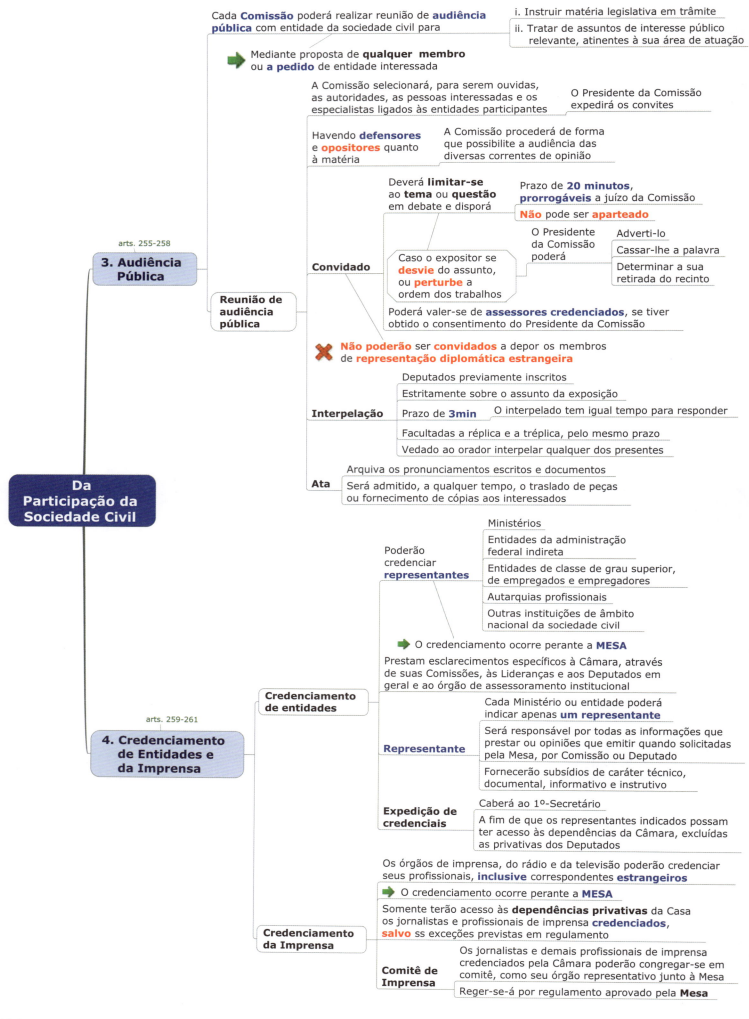

Capítulo 9

Da Administração e da Economia Interna

DA ADMINISTRAÇÃO E DA ECONOMIA INTERNA

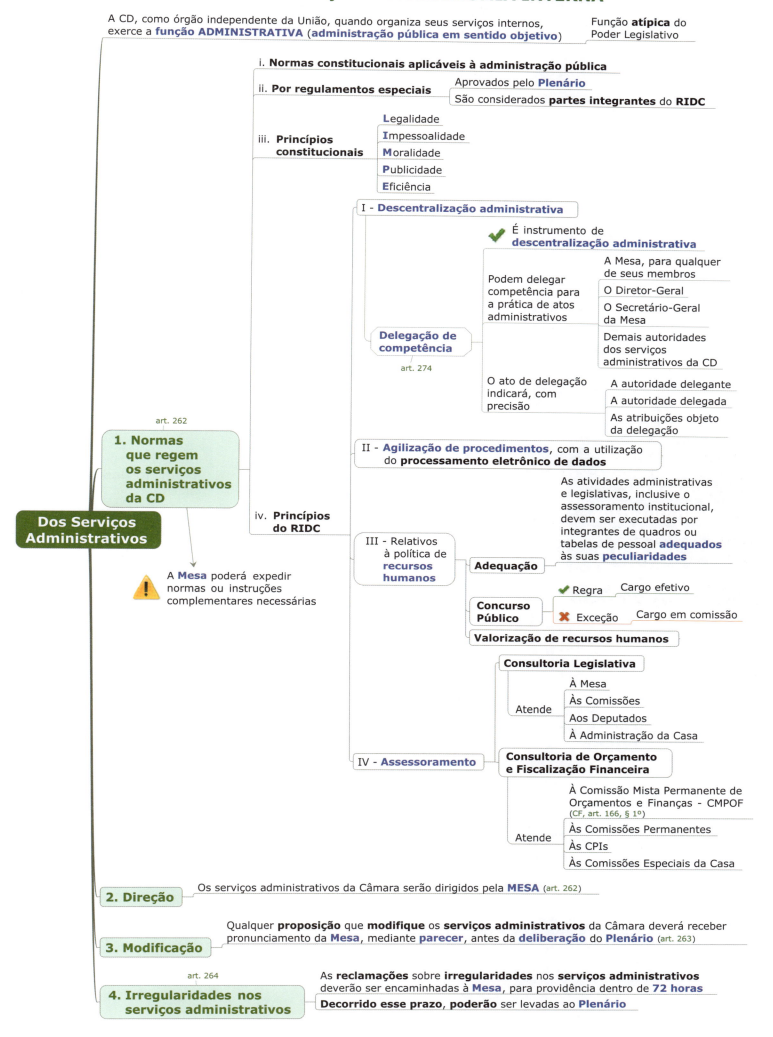

DA ADMINISTRAÇÃO E DA ECONOMIA INTERNA - DA ADMINISTRAÇÃO E FISCALIZAÇÃO COFOP

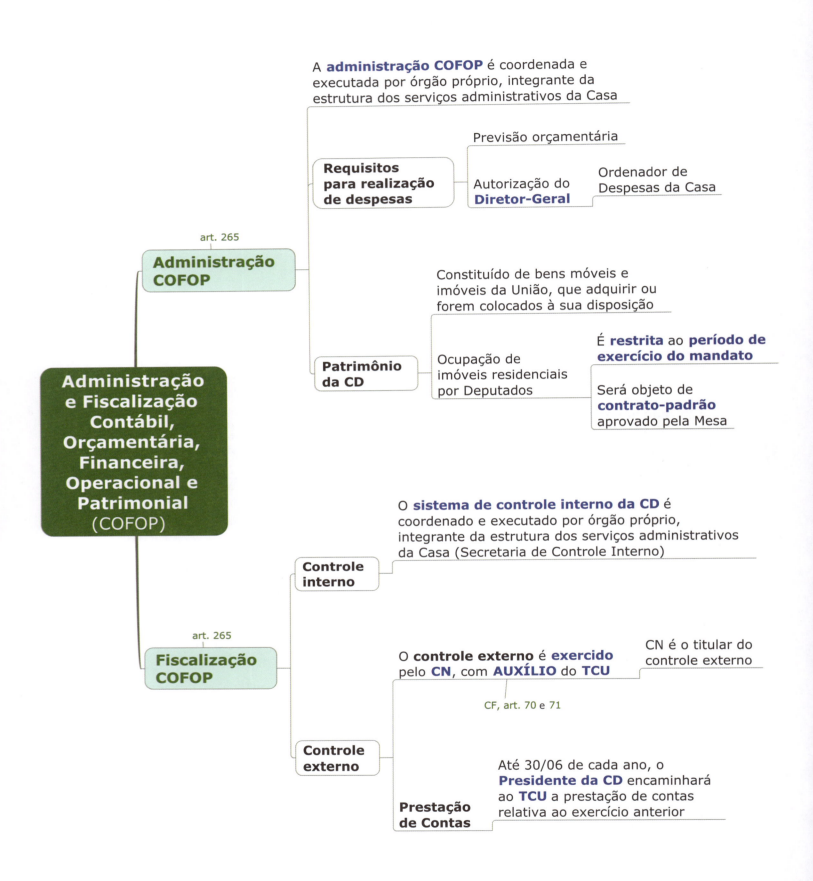

DA ADMINISTRAÇÃO E DA ECONOMIA INTERNA - DA POLÍCIA DA CD

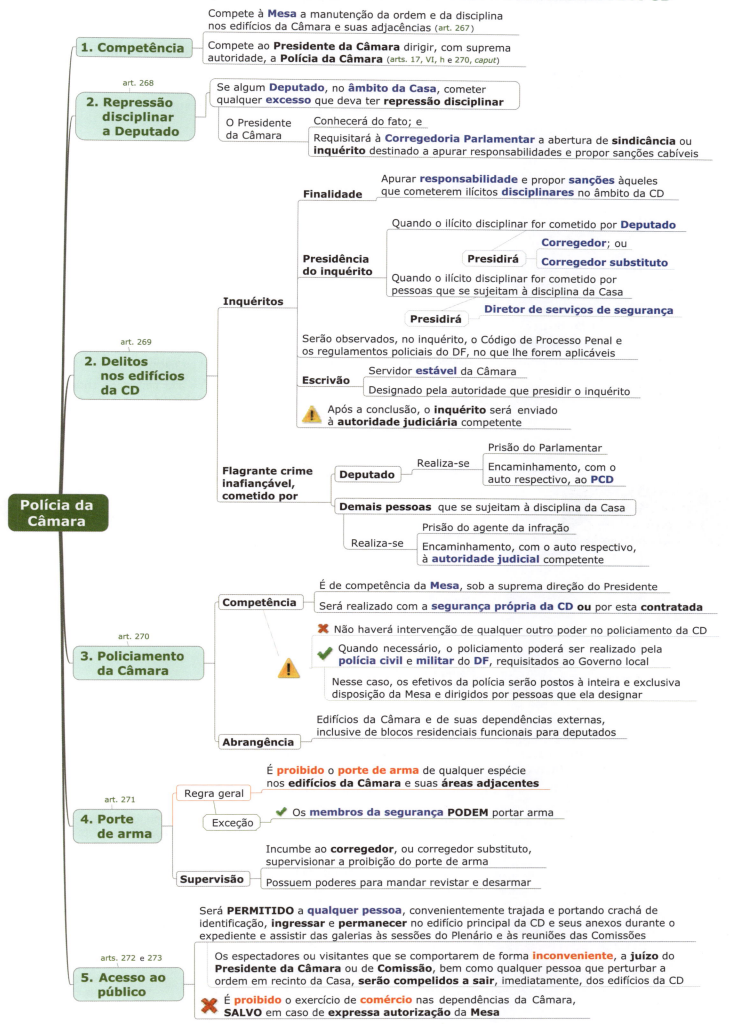

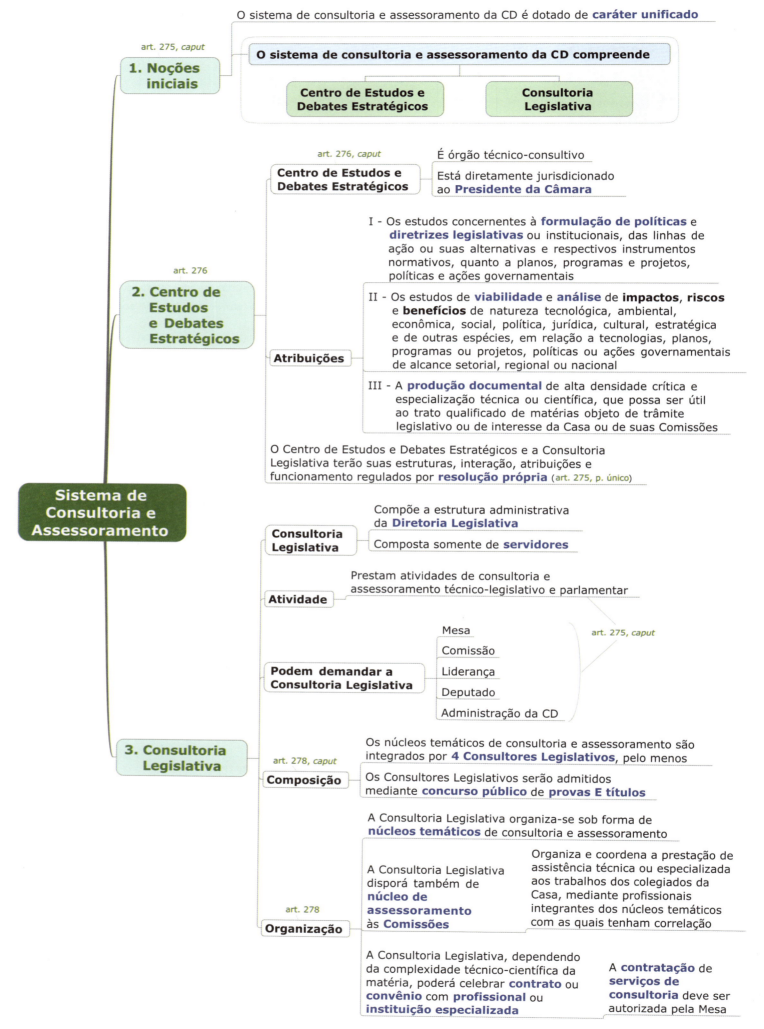

Capítulo 10

Disposições Finais

DISPOSIÇÕES FINAIS

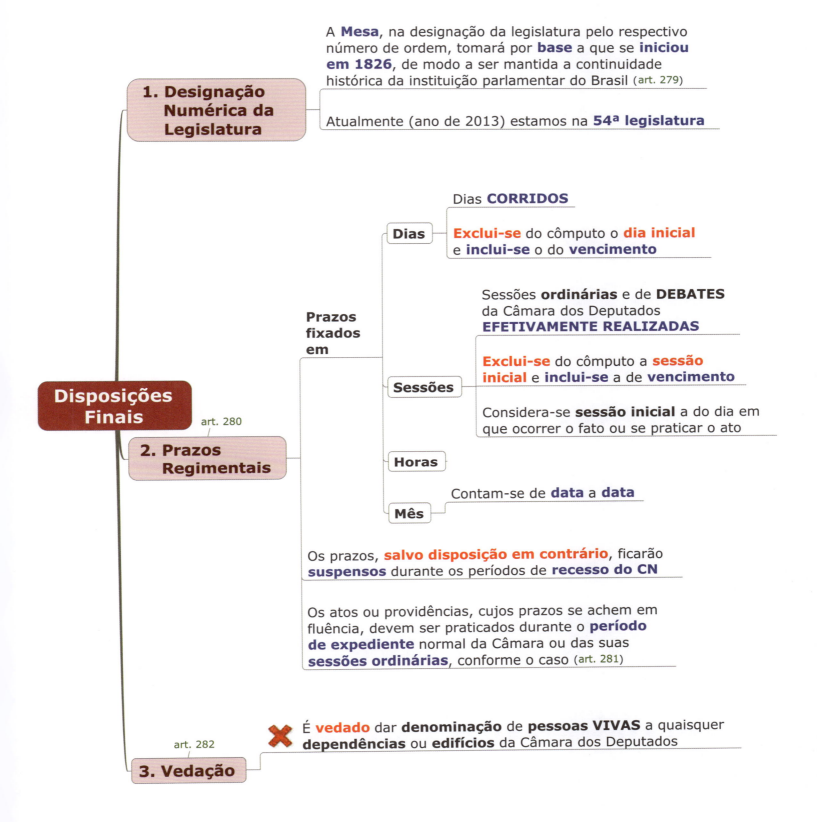

Bibliografia

CARNEIRO, André Correa de Sá; SANTOS, Luis Cláudio Alves dos; NOBREGA NETTO, Miguel Gerônimo da. *Curso de Regimento Interno da Câmara dos Deputados.* 12ª edição. Brasília: Câmara dos Deputados, Edições Câmara, 2013.

PAULO, Vicente & ALEXANDRINO, Marcelo. *Direito Constitucional Descomplicado.* 8ª Edição. São Paulo: Editora Método, 2012.

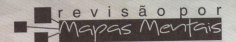

COLEÇÃO REVISÃO POR MAPAS MENTAIS

Coordenação **Carolina Teixeira**

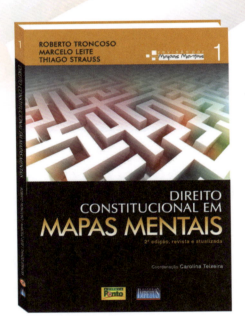
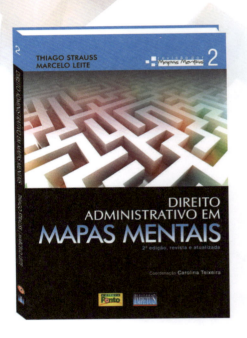
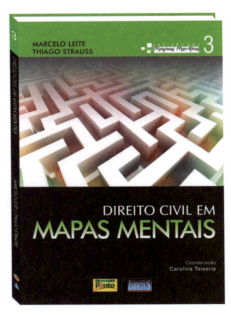
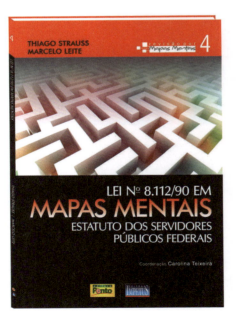

Esta obra foi impressa em papel offset 90g/m²